經典隨身讀 • 精選本

小邏輯

System Der Philosophie Erster Teil. Die Logik.

黑格爾

G. W. F. Hegel

G. W. F. Hegel

SYSTEM DER PHILOSOPHIE

ERSTER TEIL. DIE LOGIK.

Fr. Frommanns Verlag (H. Kurtz).

Stuttgart, 1929

出版説明

希羅多德(Herodoti)、黑格爾(G.W.F.Hegel)、盧梭(Jean-Jacques Rousseau)、亞當·斯密(Adam Smith)、凱恩斯(John Maynard Keynes)……，《經典隨身讀》中擇選的這些西方學者，或為一個時代的代表，或為一種思潮的先驅，他們的這些著作所蘊藏的思想財富和學術價值，久為學術界所熟知，是人類思想的精華，是我們前行的基礎。

閱讀原著，是親炙大師的最好方式，是認識理解這些學術經典的最直接的方法。但是，這些著作大多為鴻篇巨學，體系博大，因專業和研究的深入程度而帶有一定的抽象性，一般讀者不易於領悟。賦予這些經典著作以新的閱讀形式，成為現代出版人的現實責任。

《經典隨身讀》基於此種理念，邀請專家學者精選原著篇章，以靈活方式選錄近代西方學術界的殿堂級名著，並撰寫導讀，讓讀者可以從最短的篇幅，從最易切入的角度，掌握原著的精髓。這是一個新的嘗試，希望這套書能成為讀者認識著名學者、學説的入門書，同時也可以此作為自修讀本，豐富知識，充實自我。

商務印書館 編輯出版部謹識

選編者前言

黑格爾（G. W. F. Hegel）（1770－1831）是18世紀末19世紀初德國偉大的哲學家，德國古典唯心主義之集大成者。1770年8月27日生於德國符騰堡公國首府斯圖加特市，1831年11月14日卒於柏林。1788年入圖賓根神學院學習哲學和神學。1801年到耶拿大學任編外講師，1805年升任副教授，1807年任《班堡日報》編輯，1808年－1816年任紐倫堡文科中學校長，1816年－1818年任海德堡大學哲學教授，1818年－1831年任柏林大學教授，1829年10月被選為柏林大學校長。主要著作有《精神現象學》、《邏輯科學》、《哲學百科全書》、《法哲學原理》以及死後出版的《美學講演錄》、《宗教哲學講演錄》、《哲學史講演錄》、《歷史哲學講演錄》等等。

《哲學百科全書》一書代表黑格爾成熟時期的哲學體系，此書分為三個部分，第一部邏輯學，第二部自然哲學，第三部精神哲學，其中的邏輯學部分，後人稱之為《小邏輯》，以別於他在任中學校長時期出版的《大邏輯》，《大邏輯》原名《邏輯科學》，比《小邏輯》的篇幅大一倍，《小邏輯》大體上是《大邏輯》的提要。《小邏輯》最能代表黑格爾晚年成熟的思想。

黑格爾認為萬事萬物之根底或本質是概念(理念),概念是萬事萬物都具有的最一般的、最基本的規定、範疇,如有、無、變、質、量、度、本質、現象、現實、原因、結果、相互作用等等,它們是一切具體事物之所以可能的邏輯前提或理由。黑格爾哲學體系的第一部邏輯學就是研究這樣一些"純粹概念"或"純粹理念"的科學。但在現實世界中,概念總是同具體事物結合在一起的,因此,邏輯學中的"純粹概念"必然要體現於外("外在化"),這就是黑格爾哲學體系的第二部自然哲學中所講的自然。在自然的發展過程中,潛存於其中的邏輯概念能動地逐步克服自然本身的外在性,從而達到了有意識的狀態,這就產生了人,產生了精神。在黑格爾哲學體系的第三部精神哲學所講的人的精神中,原來只是處於精神的抽象形態中的邏輯概念,現在則由外在性回復到了精神自身,亦即回復到了精神的具體形態(即人的精神)之中。精神的特點是自由。由邏輯概念(精神的抽象形態)到自然(概念的外在化)再到人的精神(精神的具體形態或自身回復),這是一個主體不斷克服其與客體的對立而達到主客統一的漫長過程,這個過程的頂峯乃是最高階段的主客統一，黑格爾稱之為"絕對精神"，它也是人的精神的最高形態，亦即人的最高精神境界，或者說，人的最自由的境界。黑格爾認為這種境界最終只有通過哲學的認識亦即概念式的認識才能達到。這也就是為甚麼我們要從代表黑格爾哲學體系的《哲學百科全書》中節選其中的第一部即研究概念本身的邏輯學的原因。

邏輯學中的概念系列是按照人的認識過程而推移的。第一部分存在論所講的概念如有、無、變、質、量、度等是指直接性的認識階段，尚未深入認識到直接的東西的背後，所以這一部分中諸概念的推移乃是指從一個直接的東西"過渡"到另一個直接的東西。第二部分本質論所講的概念如本質、現象、現實、原因、結果、相互作用等是指間接性的認識階段，即深入到直接表面東西背後的底層的認識，所以這一部分中諸概念的推移不再是指從此一直接表面到彼一直接表面的"過渡"，而是表層與底層相互"反思"("反映"、"反射")的關係，這裏的概念都是兩個對立面(如本質與現象)成雙成對地聯袂而來。第三部分概念論中的概念是直接性與間接性、存在與本質的統一，是包含間接性在內的更高一級的直接性。概念論中諸概念範疇間的推移不同於"過渡"和"反思"，而是"發展"。"發展"是對"反思”關係中對立雙方間的相互外在性的超越和克服。概念論中的諸概念範疇是相互區別的東西融合成為一個有機的、內在的整體，“發展”乃是這同一個整體所包含的各種潛在因素的發揮與實現。所以，概念論中的概念不再有先前的本質論中的那種相互限制性(外在性)，而是達到了自由。“概念是自由的原則”。概念論的最高範疇“絕對理念”就是絕對的自由。

邏輯學中概念的全部發展過程和黑格爾的整個哲學體系一樣，是一個主體不斷克服其與客體的對立性和外在性而達到主客統一的過程，也是一個從必然轉化為自由的過程。

黑格爾把超感性的抽象概念奉為哲學的最高原則，他的哲學觀點基本上不脫“主體－客體”關係的模式。他所代表的這種西方傳統形而上學受到了現代和當代哲學家們的各種批判。他們大多主張哲學從抽象的概念王國回到具體的人世和生活現實，主張超越主客關係式，提倡主客融合論，但黑格爾哲學既是傳統形而上學的頂峯，又蘊涵和預示了傳統形而上學的傾覆和現當代哲學的某些重要思想(例如主客融合的思想)，現代和當代許多批評黑格爾哲學的大家們往往是踩着黑格爾的肩膀起飛的。可以說，不懂黑格爾哲學就既難於理解西方古典哲學，也難於理解西方現當代哲學，它是通達西方哲學以至整個西方思想文化的一把鑰匙。

這個選本中各節方括號內的標題是選編者加的。部分譯者註作了刪減。

張世英

目 錄

導言

〔論哲學的性質〕

§1 〔哲學對象的特點〕

哲學缺乏別的科學所享有的一種優越性：哲學不似別的科學可以假定表象所直接接受的為其對象，或者可以假定在認識的開端和進程裏有一種現成的認識方法。哲學的對象與宗教的對象誠然大體上是相同的。兩者皆以真理為對象——就真理的最高意義而言，上帝即是真理，而且惟有上帝才是真理。此外，兩者皆研究有限事物的世界，研究自然界和人的精神，研究自然界和人的精神相互間的關係，以及它們與上帝(即二者的真理)的關係。所以哲學當能熟知其對象[①]，而且也必能熟知其對象，——因為哲學不僅對於這些對象本來就有興趣，而且按照時間的次序，人的意識，對於對象總是先形成表象，後才形成概念，而且惟有通過表象，依靠表象，人的能思的心靈才進而達到對於事物的思維的認識和把握。

但是既然要想對於事物作思維着的考察，很明顯，對於思維的內容必須指出其必然性，對於思維的對象的存在及其規定，必須加以證明，才足以滿足思維着的考察的要求。於是我們原來對於事物的那種熟知便顯得不夠充分，而我們原來所提出的或認為有效用的假定和論斷便顯得不可接受了。但是，同時要尋得一個哲學的開端的困難因而就出現了。因為如果以一個當前直接的東西作為開端，就是提出一個假定，或者毋寧說，哲學的開端就是一個假定。

§2 〔哲學是“對於事物的思維着的考察”；哲學上的思想的特點〕

概括講來，哲學可以定義為對於事物的思維着的考察。如果說“人之所以異於禽獸在於他能思維”這話是對的（這話當然是對的），則人之所以為人，全憑他的思維在起作用。不過哲學乃是一種特殊的思維方式，在這種方式中，思維成為認識，成為把握對象的概念式的認識。所以哲學思維無論與一般思維如何相同，無論本質上與一般思維同是一個思維，但總是與活動於人類一切行為裏的思維，與使人類的一切活動具有人性的思維有了區別。這種區別又與這一事實相聯繫，即：基於思維、表現人性的意識內容，每每首先不借思想的形式以出現，而是作為情感、直覺或表象等形式而出現。這些形式必須與作為形式的思維本身區別開來。

〔說明〕說人之所以異於禽獸由於人有思想，已經是一個古老的成見，一句無關輕重的舊話。這話雖說是無關輕重，但在特殊情形下，似乎也有記起這個老信念的需要。即使在我們現在的時代，就流行一種成見，令人感到有記起這句舊話的必要。這種成見將情緒和思維截然分開，認為二者彼此對立，甚至認為二者彼此敵對，以為情緒，特別宗教情緒，可以被思維所玷污，被思維引入歧途，甚至可以被思維所消滅。依這種成見，宗教和宗教熱忱並不植根於思維，甚至在思維中毫無位置。作這種分離的人，忘記了只有人才能夠有宗教，禽獸沒有宗教，也說不上有法律和道德。

那些堅持宗教和思維分離的人，心目中所謂思維，大約是指一種後思(Nachdenken)，亦即反思。反思以思想的本身為內容，力求思想自覺其為思想。忽視了哲學對於思維所明確劃分的這種區別，以致引起對於哲學許多粗陋的誤解和非難。須知只有人有宗教、法律和道德。也只有因為人是能思維的存在，他才有宗教、法律和道德。所以在這些領域裏，思維化身為情緒，信仰或表象，一般並不是不在那裏活動。思維的活動和成果，可以說是都表現和包含在它們裏面。不過具有為思維所決定所浸透的情緒和表象是一回事，而具有關於這些情緒和表象的思想又是一回事。由於對這些意識的方式加以"後思"所產生的思想，就包含在反思、推理等等之內，也就包含在哲學之內。

忽略了一般的思想與哲學上的反思的區別，還常會引起另一種誤會：誤以為這類的反思是我們達到永恆或達到真理的主要條件，甚至是惟一途徑。例如，現在已經過時的對於上帝存在的形而上學的證明，曾經被尊崇為欲獲得上帝存在的信仰或信心，好像除非知道這些證明，除非深信這些證明的真理，別無他道的樣子。這種說法，無異於認為在沒有知道食物的化學的、植物學的或動物學的性質以前，我們就不能飲食；而且要等到我們完成了解剖學和生理學的研究之後，才能進行消化。如果真是這樣，這些科學在它們各自的領域內，與哲學在思想的範圍裏將會贏得極大的實用價值，甚至它們的實用將升到一絕對的普遍的不可少的程度。反之，也可以說是，所有這些科學，不是不可少，而是簡直不會存在了。

§6 〔哲學上的“純思”與“現實”的統一〕

以上所說似重在說明哲學知識的形式是屬於純思和概念的範圍。就另一方面看來，同樣也須注重的，即應將哲學的內容理解為屬於活生生的精神的範圍、屬於原始創造的和自身產生的精神所形成的世界，亦即屬於意識所形成的外在和內心的世界。簡言之，哲學的內容就是現實(Wirklichkeit)。我們對於這種內容的最初的意識便叫做經驗。只是就對於世界的經驗的觀察來看，也已足能辨別在廣大的外在和內心存在的世界中，甚麼東西只是飄忽即逝、沒有意義的現象，甚麼東西是本身真實夠得上冠以現實的名義。對於這個同一內容的意識，哲學與別的認識方式，既然僅有形式上的區別，所以哲學必然與現實和經驗相一致。甚至可以說，哲學與經驗的一致至少可以看成是考驗哲學真理的外在的試金石。同樣也可以說，哲學的最高目的就在於確認思想與經驗的一致，並達到自覺的理性與存在於事物中的理性的和解，亦即達到理性與現實的和解。

在我的《法哲學》的序言裏[2]，我曾經說過這樣一句話：

凡是合乎理性的東西都是現實的，
凡是現實的東西都是合乎理性的。

這兩句簡單的話，曾經引起許多人的詫異和反對，甚至有些認為沒有哲學，特別是沒有宗教的修養為恥辱的人，也對此說持異議。這裏，我們無須引用宗教來作例證，因為宗教上關於神聖的世界宰治的學說，實在太確定地道出我這兩句話的意旨了。就此說的哲學意義而言，稍有教養的人，應該知道上帝不僅是現實的，是最現實的，是惟一真正地現實的，而且從邏輯的觀點看來，就定在一般說來，一部分是現象，僅有一部分是現實。在日常生活中，任何幻想、錯誤、罪惡以及一切壞東西、一切腐敗幻滅的存在，儘管人們都隨便把它們叫做現實。但是，甚至在平常的感覺裏，也會覺得一個偶然的存在不配享受現實的美名。因為所謂偶然的存在，只是一個沒有甚麼價值的、可能的存在，亦即可有可無的東西。但是當我提到"現實"時，我希望讀者能夠注意我用這個名詞的意義，因為我曾經在一部系統的《邏輯學》裏，詳細討論過現實的性質，我不僅把現實與偶然的事物加以區別，而且進而對於"現實"與"定在"，"實存"以及其他範疇，也加以準確的區別。

認為合理性的東西就是現實性這種說法頗與一般的觀念相違反。因為一般的表象，一方面大都認理念和理想為幻想，認為哲學不過是腦中虛構的幻想體系而已；另一方面，又認理念與理想為太高尚純潔，沒有現實性，或太軟弱無力，不易實現其自身。但慣於運用理智的人特別喜歡把理念與現實分離開，他們把理智的抽象作用所產生的夢想當成真實可靠，以命令式的"應當"自誇，並且尤其喜歡在政治領域中去規定"應當"。這個世界好像是在靜候他們的睿智，以便向他們學習甚麼是應當的，但又是這個世界所未曾達到的。因為，如果這個世界已經達到了"應當如此"的程度，哪裏還有他們表現其老成深慮的餘地呢？如果將理智所提出的"應當"，用來反對外表的瑣屑的變幻事物、社會狀況、典章制度等等，那麼在某一時期，在特殊範圍內，倒還可以有相當大的重要性，甚至還可以是正確的。而且在這種情形下，他們不難發現許多不正當不合理想的現狀。因為誰沒有一些聰明去發現在他們周圍的事物中，有許多東西事實上沒有達到應該如此的地步呢？但是，如果把能夠指出周圍瑣屑事物的不滿處與應當處的這一點聰明，便當成在討論哲學這門科學上的問題，那就錯了。哲學所研究的對象是理念，而理念並不會軟弱無力到永遠只是應當如此，而不是真實如此的程度。所以哲學研究的對象就是現實性，而前面所說的那些事物、社會狀況、典章制度等等，只不過是現實性的淺顯外在的方面而已。

§11 〔思維能解決自身的矛盾〕

更進一步，哲學的要求可以說是這樣的：精神，作為感覺和直觀，以感性事物為對象；作為想像，以形象為對象；作為意志，以目的為對象。但就精神相反於或僅是相異於它的這些特定存在形式和它的各個對象而言，復要求它自己的最高的內在性——思維——的滿足。而以思維為它的對象。這樣，精神在最深的意義下，便可說是回到它的自己本身了。因為思維才是它的原則、它的真純的自身。但當精神在進行它的思維的本務時，思維自身卻糾纏於矛盾中，這就是說，喪失它自身於思想的堅固的"不同一"中，因而不但未能達到它自身的回歸與實現，反而老是為它的反面所束縛。這種僅是抽象理智的思維所達到的結果，復引起的超出這種結果的較高要求，即基於思維堅持不放，在這種意識到的喪失了它的獨立自在的過程中，仍然繼續忠於它自身，力求征服它的對方，即在思維自身中以完成解決它自身矛盾的工作。

〔說明〕認識到思維自身的本性即是辯證法，認識到思維作為理智必陷於矛盾、必自己否定其自身這一根本見解，構成邏輯學上一個主要的課題。當思維對於依靠自身的能力以解除它自身所引起的矛盾表示失望時，每退而借助於精神的別的方式或形態〔如情感、信仰、想像等〕，以求得解決或滿足。但思維的這種消極態度，每每會引起一種不必要的理性恨(misologie)，有如柏拉圖所早已陳述過的經驗那樣，對於思維自身的努力取一種仇視的態度，有如把所謂直接知識當作認識真理的惟一方式的人所取的態度那樣。

§12 〔知識的直接性與間接性的統一〕

從上面所說的那種要求而興起的哲學是以經驗為出發點的，所謂經驗是指直接的意識和抽象推理的意識而言。所以，這種要求就成為鼓勵思維進展的刺激，而思維進展的次序，總是超出那自然的、感覺的意識，超出自感覺材料而推論的意識，而提高到思維本身純粹不雜的要素，因此首先對經驗開始的狀態取一種疏遠的、否定的關係。這樣，在這些現象的普遍本質的理念裏，思維才得到自身的滿足。這理念(絕對或上帝)多少總是抽象的。反之，經驗科學也給思維一種激勵，使它克服將豐富的經驗內容僅當作直接、現成、散漫雜多、偶然而無條理的材料的知識形式，從而把此種內容提高到必然性——這種激勵使思維得以從抽象的普遍性與僅僅是可能的滿足裏超拔出來，進而依靠自身去發展。這種發展一方面可說是思維對經驗科學的內容及其所提供的諸規定加以吸取，另一方面，使同樣內容以原始自由思維的意義，只按事情本身的必然性發展出來。

〔說明〕對於直接性與間接性在意識中的關係，下面將加以明白詳細的討論。不過這裏須首先促使注意的，即是直接性與間接性兩環節表面上雖有區別，但兩者實際上不可缺一，而且有不可分離的聯繫。所以關於上帝以及其他一切超感官的東西的知識，本質上都包含有對感官的感覺或直觀的一種提高。此種超感官的知識，因此對於前階段的感覺具有一種否定的態度，這裏面就可以說是包含有間接性。因為間接過程是由一個起點而進展到第二點，所以第二點的達到只是基於從一個與它正相反對的事物出發。但不能因此就說關於上帝的知識並不是獨立於經驗意識。其實關於上帝的知識的獨立性，

哲學最初起源於後天的事實，是依靠經驗而產生的，正如人的飲食依靠食物，因為沒有食物，人即無法飲食。

本質上即是通過否定感官經驗與超脱感官經驗而得到的。但假如對知識的間接性加以片面的着重，把它認作制約性的條件，那末，我們便可以説（不過這種説法並沒有多少意義），哲學最初起源於後天的事實，是依靠經驗而產生的（其實，思維本質上就是對當前的直接經驗的否定），正如人的飲食依靠食物，因為沒有食物，人即無法飲食。就這種關係而論，飲食對於食物，可以説是太不知感恩了。因為飲食全靠有食物，而且全靠消滅食物。在這個意義下，思維對於感官經驗也可以説是一樣地不知感恩。〔因為思維所以成為思維，全靠有感官材料，而且全靠消化，否定感官材料。〕

但是思維因對自身進行反思，從而自身達到經過中介的直接性，這就是思維的先天成分（das Apriorische），亦即思維的普遍性，思維一般存在它自身內。在普遍性裏，思維得到自身的滿足，但假如思維對於特殊性採取漠視態度，從而思維對於它自身的發展，也就採取漠視態度了。正如宗教，無論高度發達的或草昧未開的宗教，無論經過科學意識教養的或單純內心信仰的宗教，也具有同樣內在本性的滿足和福祉。如果思維停留在理念的普遍性中，有如古代哲學思想的情形（例如愛利亞學派所謂存在，和赫拉克利特所謂變易等等），自應被指斥為形式主義。即在一種比較發展的哲學思想裏，我們也可以找到一些抽象的命題或公式，例如，"在絕對中一切是一"、"主客同一"等話，遇着特殊事物時，也只有重複抬出這千篇一律的公式去解釋。為補救思維的這種抽象普遍性起見，我們可以在正確有據的意義下說，哲學的發展應歸功於經驗。因為，一方面，經驗科學並不停留在個別性現象的知覺裏，乃是能用思維對於材料加工整理，發現普遍的特質、類別和規律，以供哲學思考。那些特殊的內容，經過經驗科學這番整理預備工夫，也可以吸收進哲學裏面。另一方面，這些經驗科學也包含有思維本身要進展到這些具體部門的真理的迫切要求。這些被吸收進哲學中的科學內容，由於已經過思維的加工，從而取消其頑固的直接性和預料性，同時也就是思維基於自身的一種發展。由此可見，一方面，哲學的發展實歸功於經驗科學，另一方面，哲學賦予科學內容以最主要的成分：思維的自由（思維的先天因素）。哲學又能賦予科學以必然性的保證，使此種內容不僅是對於經驗中所發現的事實的信念，而且使經驗中的事實成為原始的完全自主的思維活動的說明和摹寫。

幾千年來，這哲學工程的建築師，
即那惟一的活生生的精神，
它的本性就是思維。

§13 〔哲學與哲學史的關係〕

上面所討論的可以説是純粹從邏輯方面去説明哲學的起源和發展。另外我們也可以從哲學史，從外在歷史特有的形態裏去揭示哲學的起源和發展。從外在的歷史觀點來看，便會以為理念發展的階段似乎只是偶然的彼此相承，而根本原則的分歧，以及各哲學體系對其根本原則的發揮，也好像紛然雜陳，沒有聯繫。但是，幾千年來，這哲學工程的建築師，即那惟一的活生生的精神，它的本性就是思維，即在於使它自己思維着的本性得到意識。當它(精神)自身這樣成為思維的對象時，同時它自己就因而超出自己，而達到它自身存在的一個較高階段。哲學史上所表現的種種不同的體系，一方面我們可以説，只是一個哲學體系，在發展過程中的不同階段罷了。另一方面我們也可以説，那些作為各個哲學體系的基礎的特殊原則，只不過是同一思想整體的一些分支罷了。那在時間上最晚出的哲學體系，乃是前此一切體系的成果，因而必定包括前此各體系的原則在內；所以一個真正名副其實的哲學體系，必定是最淵博、最豐富和最具體的哲學體系。

〔説明〕鑑於有如此多表面上不同的哲學體系，

我們實有把普遍與特殊的真正規定加以區別的必要。如果只就形式方面去看普遍，把它與特殊並列起來，那麼普遍自身也就會降為某種特殊的東西。這種並列的辦法，即使應用在日常生活的事物中，也顯然不適宜和行不通。例如，在日常生活裏，怎麼會有人只是要水果，而不要櫻桃、梨和葡萄，因為它們只是櫻桃、梨、葡萄，而不是水果。但是，一提到哲學，許多人便借口說，由於哲學有許多不同的體系，故每一體系只是一種哲學，而不是哲學本身，借以作為輕蔑哲學的根據，依此種說法，就好像櫻桃並不是水果似的。有時常有人拿一個以普遍為原則的哲學體系與一個以特殊為原則，甚至與一個根本否認哲學的學說平列起來。他們認為二者只是對於哲學不同的看法。這多少有些像認為光明與黑暗只是兩種不同的光一樣。

§14 〔哲學是一體系、一全體〕

在哲學歷史上所表述的思維進展的過程，也同樣是在哲學本身裏所表述的思維進展的過程，不過在哲學本身裏，它是擺脫了那歷史的外在性或偶然性，而純粹從思維的本質去發揮思維進展的邏輯過程罷了。真正的自由的思想本身就是具體的，而且

哲學若沒有體系，就不能成為科學。沒有體系的哲學理論，只能表示個人主觀的特殊心情。

就是理念；並且就思想的全部普遍性而言，它就是理念或絕對。關於理念或絕對的科學，本質上應是一個體系，因為真理作為具體的，它必定是在自身中展開其自身，而且必定是聯繫在一起和保持在一起的統一體，換言之，真理就是全體。全體的自由性，與各個環節的必然性，只有通過對各環節加以區別和規定才有可能。

〔說明〕哲學若沒有體系，就不能成為科學。沒有體系的哲學理論，只能表示個人主觀的特殊心情，它的內容必定是帶偶然性的。哲學的內容，只有作為全體中的有機環節，才能得到正確的證明，否則便只能是無根據的假設或個人主觀的確信而已。許多哲學著作大都不外是這種表示著者個人的意見與情緒的一些方式。所謂體系常被錯誤地理解為狹隘的、排斥別的不同原則的哲學。與此相反，真正的哲學是以包括一切特殊原則於自身之內為原則。

§15 〔哲學、真理是自我完成的圓圈〕

哲學的每一部分都是一個哲學全體，一個自身完整的圓圈。但哲學的理念在每一部分裏只表達出一個特殊的規定性或因素。每個單一的圓圈，因它自身也是整體，就要打破它的特殊因素所給它的限制，從而建立一個較大的圓圈。因此全體便有如許多圓圈所構成的大圓圈。這裏面每一圓圈都是一個必然的環節，這些特殊因素的體系構成了整個理念，理念也同樣表現在每一個別環節之中。

§17 〔哲學的開端即是終點〕

談到哲學的開端，似乎哲學與別的科學一樣，也須從一個主觀的假定開始。每一科學均須各自假定它所研究的對象，如空間、數等等，而哲學似乎也須先假定思維的存在，作為思維的對象。不過哲學是由於思維的自由活動，而建立其自身於這樣的觀點上，即哲學是獨立自為的，因而自己創造自己的對象，自己提供自己的對象。而且哲學開端所採取的直接的觀點，必須在哲學體系發揮的過程裏，轉變成為終點，亦即成為最後的結論。當哲學達到這個終點時，也就是哲學重新達到其起點而回歸到它自身之時。這樣一來，哲學就儼然是一個自己返回到自己的圓圈，因而哲學便沒有與別的科學同樣意義的起點。所以哲學上的起點，只是就研究哲學的主體的方便而言，才可以這樣說，至於哲學本身卻無所謂起點。換句話說，科學的概念，我們據以開始的概念，即因其為這一科學的出發點，所以它包含作為對象的思維與一個(似乎外在的)哲學思考的主體間的分離，必須由科學本身加以把握。簡言之，達到概念的概念，自己返回自己，自己滿足自己，就是哲學這一科學惟一的目的、工作和目標。

§18 〔哲學分為邏輯學、自然哲學和精神哲學三部分〕

對於哲學無法給予一初步的概括的觀念，因為只有全科學的全體才是理念的表述。所以對於科學內各部門的劃分，也只有從理念出發，才能夠把握。故科學各部門的初步劃分，正如最初對於理念的認識一樣，只能是某種預想的東西。但理念完全是自己與自己同一的思維，並且理念同時又是借自己與自己對立以實現自己，而且在這個對方裏只是在自己本身內的活動。因此〔哲學〕這門科學可以分為三部分：

1. 邏輯學，研究理念自在自為的科學。
2. 自然哲學，研究理念的異在或外在化的科學。
3. 精神哲學，研究理念由它的異在而返回到它自身的科學。

上面§15裏曾說過，哲學各特殊部門間的區別，只是理念自身的各個規定，而這一理念也只是表現在各個不同的要素裏。在自然界中所認識的無非是理念，不過是理念在外在化的形式中。同樣，在精神中所認識的，是自為存在着、並正向自在自為發展着的理念。理念這樣顯現的每一規定，同時是理念顯現的一個過渡的或流逝着的環節。因此須認識到個別部門的科學，每一部門的內容既是存在着的對象，同樣又是直接地在這內容中向着它的較高圓圈(Kreis)〔或範圍〕的過渡。所以這種劃分部門的觀念，實易引起誤會，因為這樣劃分，未免將各特殊部門或各門科學並列在一起，它們好像只是靜止着的，而且各部門科學也好像是根本不同類，有了實質性的區別似的。

① 熟知與真知有別。熟知只是對於眼前事物熟視無睹，未加深思。黑格爾在《精神現象學》序言裏，有“熟知非真知”的名言。——譯者

② 見中文譯本《法哲學原理》第2頁，商務印書館，1961年。——譯者

第一部　邏輯學

邏輯學概念的初步規定

§19 〔邏輯學研究的對象："純粹理念"〕

邏輯學是研究純粹理念的科學，所謂純粹理念就是思維的最抽象的要素所形成的理念。

〔說明〕在這部分初步論邏輯學的概念裏，所包含對於邏輯學以及其他概念的規定，也同樣適用於哲學上許多基本概念。這些規定都是由於並對於全體有了綜觀而據以創立出來的。

我們可以說邏輯學是研究思維、思維的規定和規律的科學。但是只有思維本身才構成使得理念成為邏輯的理念的普遍規定性或要素。理念並不是形式的思維，而是思維的特有規定和規律自身發展而成的全體，這些規定和規律，乃是思維自身給予的，決不是已經存在於外面的現成的事物。

在某種意義下，邏輯學可以說是最難的科學，因為它所處理的題材，不是直觀，也不像幾何學的題材，是抽象的感覺表象，而是純粹抽象的東西，而且需要一種特殊的能力和技巧，才能夠回溯到純粹思想，緊緊抓住純粹思想，並活動於純粹思想之中。但在另一種意義下，也可以把邏輯學看作最易的科學。因為它的內容不是別的，即是我們自己的思維，和思維的熟習的規定，而這些規定同時又是最簡單、最初步的，而且也是人人最熟知的，例如：有與無，質與量，自在存在與自為存在，一與多等等。但是，這種熟知反而加重了邏輯研究的困難。因為，一方面我們總以為不值得費力氣去研究這樣熟習的東西。另一方面，對於這些觀念，邏輯學去研究、去理解所採取的方式，卻又與普通人所業已熟習的方式不相同，甚至正相反。

邏輯學的有用與否，取決於它對學習的人能給予多少訓練以達到別的目的。學習的人通過邏輯學所獲得的教養，在於訓練思維，使人在頭腦中得到真正純粹的思想，因為這門科學乃是思維的思維。但是就邏輯學作為真理的絕對形式來說，尤其是就邏輯學作為純粹真理的本身來說，它決不單純是某種有用的東西。但如果凡是最高尚的、最自由的和最獨立的東西也就是最有用的東西，那麼邏輯學也未嘗不可認為是有用的，不過它的用處，卻不僅是對於思維的形式練習，而必須另外加以估價。

如果凡是最高尚的、最自由的和最獨立的東西也就是最有用的東西，那麼邏輯學也未嘗不可認為是有用的。

〔思維的四個特點〕

§20 〔思維的第一個特點：能動的普遍〕

試從思維的表面意義看來，則(α)首先就思維的通常主觀的意義來說，思維似乎是精神的許多活動或能力之一，與感覺、直觀、想像、慾望、意志等並列雜陳。不過思維活動的產物，思想的形式或規定性一般是普遍的抽象的東西。思維作為能動性，因而便可稱為能動的普遍。而且既然思維活動的產物是有普遍性的，則思想便可稱為自身實現的普遍體。就思維被認作主體而言，便是能思者，存在着的能思的主體的簡稱就叫做我。

〔說明〕這裏和下面幾節所提出的一些規定，決不可認為是我個人對於思想的主張或意見。但在這些初步的討論裏，既不能說是有嚴格的演繹或證明，只可算作事實(Facta)的陳述。換言之，在每個人的意識裏，只要他有思想，並考察他的思想，他便可經驗地發現他的思想具有普遍性和下面的種種特性。當然，要正確地觀察他的意識和他的表象中的事實，就要求他事先對注意力和抽象力具有相當的訓練。

在這初步的陳述裏已經提到感覺、表象、與思想的區別。這種區別對於了解認識的本性和類別最關緊要。所以這裏先將這個區別提出來促使人們注意，以便有助於他們的了解。要對感性的東西加以規定，自應首先追溯其外在的來源，感官或感覺官能。但是，只是叫出感覺官能的名稱，還不能規定感官所感到的內容。感性事物與思想的區別，在於前者的特點是個別性的。既然個別之物(最抽象的個別之物是原子)也是彼此有聯繫的，所以凡是感性事物都是些彼此相外(Aussereinander)的個別東西，它們確切抽象的形式，是彼此並列(Nebeneinander)和彼此相續(Nacheinander)的。至於表象便以那樣的感性材料為內容，但是這種內容是被設定為在我之內，具有我的東西的規定，因而也具有普遍性，自身聯繫性、簡單性。除了以感性材料為內容而外，表象又能以出自自我意識的思維材料為內容，如關於法律的、倫理的和宗教的表象，甚至關於思維自身的表象。要劃分這些表象與對於這些表象的思想之間的區別，卻並不那麼容易。因為表象既具有思想的內容，又具有普遍性的形式，而普遍性為在我之內的任何內容所必具，亦為任何表象所同具。但表象的特性，一般講來，又必須在內容的個別性中去找。誠然，法律、正義和類似的規定，不存在於空間內彼此相外的感性事物中的。即就時間而言，這些規定雖好似彼此相續，但其內容也不受時間的影響，也不能認為會在時間中消逝和變化。但是，這樣的一些潛在的精神的規定，在一般表象之內在的抽象的普遍性的較廣基地上，也同樣地個別化了。在這種個別化的情形下，這些精神規定都是簡單的，不相聯繫的；例如，權利、義務、上帝。在這種情形下的表象，不是表面上停留在權利就是權利，上帝就是上帝等說法上，就是進而提出一些規定，例如說，上帝是世界的造物主，是全知的，萬能的等等。像這樣，多種個別化的、簡單的規定或謂詞，不管其有無內在聯繫，勉強連綴在一起，這些謂詞雖是以其主詞為聯繫，但它們之間仍然是相互外在的。就這點而論，表象與知性相同，其惟一的區別，在於知性尚能建立普遍與特殊，原因與效果等關係，從而使表象的孤立化的表象規定有了必然性的聯繫。反之，表象便只能讓這些孤立化的規定在模糊的意識背景裏彼此挨近地排列着，僅僅憑一個又(auch)字去聯繫。表象和思想的區別，還具有更大的重要性，因為一般講來，哲學除了把表象轉變成思想——當然，更進一步哲學還要把單純抽象的思想轉變成概念——之外，沒有別的工作。

我們在上面曾經指出，感覺事物都具有個別性和相互外在性，這裏我們還可補説一句，即個別性和相互外在性也是思想，也是有普遍性的東西。在邏輯學中將指出，思想和普遍東西的性質，思想是思想的自身又是思想的對方，思想統攝其對方，絕不讓對方逃出其範圍。由於語言既是思想的產物，所以凡語言所説出的，也沒有不是具有普遍性的。凡只是我自己意謂的，便是我的，亦即屬於我這個特殊個人的。但語言既只能表示共同的意謂，所以我不能説出我僅僅意謂着的。而凡不可言説的，如情緒、感覺之類，並不是最優良最真實之物，而是最無意義、最不真實之物。當我説："這個東西"、"這一東西"、"此地"、"此時"時，我所説的這些都是普遍性的。一切東西和任何東西都是"個別的"、"這個"，而任何一切的感性事物都是"此地"，"此時"。①同樣，當我説"我"時，我的意思是指這個排斥一切別的事物的"我"，但是我所説的"我"，亦即是每一個排斥一切別的事物的"我"。②康德曾用很笨拙的話來表達這個意思，他説，"我"伴隨着一切我的表象，以及我的情感、慾望、行為等等。③"我"是一個自在自為的普遍性，共同性也是一種普遍性，不過是普遍性的一種外在形式。一切別的人都和我共同地有"我"、是"我"，正如一切我的情感，我的表象，都共有着我，"伴隨"是屬於我的東

思想是思想的自身又是思想的對方，思想統攝其對方，絕不讓對方逃出其範圍。

西，就作為抽象的我來說，“我”是純粹的自身聯繫。④在這種的自身聯繫裏，“我”從我的表象、情感，從每一個心理狀態以及從每一性情、才能和經驗的特殊性裏抽離出來。“我”，在這個意義下，只是一個完全抽象的普遍性的存在，一個抽象的自由的主體。因此“我”是作為主體的思維，“我”既然同時在我的一切表象、情感、意識狀態等之內，則思想也就無所不在，是一個貫串在這一切規定之中的範疇。

……

§21 〔思維的第二個特點：普遍概念是事物的本質〕

（β）在前面我們既認思維和對象的關係是主動的，是對於某物的反思，因此思維活動的產物、普遍概念，就包含有事情的價值，亦即本質、內在實質、真理。

〔說明〕在§5裏曾提及一種舊信念認為所有對象、性質、事變的真實性，內在性，本質及一切事物所依據的實質，都不是直接地呈現在意識的前面，也不是隨對象的最初外貌或偶然發生的印象所提供給意識的那個樣子，反之，要獲得對象的真實性質，我們必須對它進行反思。⑤惟有通過反思才能達到這種知識。

附釋：……人們對於單純表面上的熟習，只是感性的現象，總是不能滿意，而是要進一步追尋到它的後面，要知道那究竟是怎樣一回事，要把握它的本質。因此我們便加以反思，想要知道有以異於單純現象的原因所在，並且想要知道有以異於單純外面的內面所在。這樣一來，我們便把現象分析成兩面(entzwei)，內面與外面，力量與表現，原因與結果。在這裏，內面、力量，也仍然是普遍的、有永久性的，非這一電閃或那一電閃，非這一植物或那一植物，而是在一切特殊現象中持存着的普遍。感性的東西是個別的，是變滅的；而對於其中的永久性東西，我們必須通過反思才能認識。自然所表現給我們的是個別形態和個別現象的無限量的雜多體，我們有在此雜多中尋求統一的要求。因此，我們加以比較研究，力求認識每一事物的普遍。個體生滅無常，而類則是其中持續存在的東西，而且重現在每一個體中，類的存在只有反思才能認識。自然律也是這樣，例如關於星球運行的規律。天上的星球，今夜我們看見在這裏，明夜我們看見在那裏，這種不規則的情形，我們心中總覺得不敢於信賴，因為我們的心靈總相信一種秩序，一種簡單恒

天上的星球，今夜我們看見在這裏，明夜我們看見在那裏，這種不規則的情形，我們心中總覺得不敢於信賴。

常而有普遍性的規定。心中有了這種信念，於是對這種淩亂的現象加以反思，而認識其規律，確定星球運動的普遍方式，依據這個規律，可以了解並測算星球位置的每一變動。同樣的方式，可以用來研究支配複雜萬分的人類行為的種種力量。在這一方面，我們還是同樣相信有一普遍性的支配原則。從上面所有這些例子裏，可以看出反思作用總是去尋求那固定的、長住的、自身規定的、統攝特殊的普遍原則。這種普遍原則就是事物的本質和真理，不是感官所能把握的。例如義務或正義就是行為的本質，而道德行為所以成為真正道德行為，即在於能符合這些有普遍性的規定。

當我們這樣規定普遍時，我們便發現普遍與它的對方形成對立。它的對方就是單純直接的、外在的和個別的東西，與間接的、內在的和普遍的東西相對立。須知普遍作為普遍並不是存在於外面的。類作為類是不能被知覺的，星球運動的規律並不是寫在天上的。所以普遍是人所不見不聞，而只是對精神而存在的。宗教指引我們達到一個普遍，這普遍廣包一切，為一切其他的東西所由以產生的絕對，此絕對也不是感官的對象，而只是精神和思想的對象。

§22 〔思維的第三個特點：思維的客觀性〕

（γ）經過反思，最初在感覺、直觀、表象中的內容，必有所改變，因此只有通過以反思作為中介的改變，對象的真實本性才可呈現於意識前面。

附釋：凡是經反思作用而產生出來的就是思維的產物。例如，梭倫為雅典人所立的法律，可說是從他自己的頭腦裏產生出來的。但反之另一方面，我們又必須將共體〔如梭倫所立的〕這些法律，認作僅僅的主觀觀念的反面，並且還要從這裏面認識到事物本質的、真實的和客觀的東西。要想發現事物中的真理，單憑注意力或觀察力並不濟事，而必須發揮主觀的〔思維〕活動，以便將直接呈現在當前的東西加以形態的改變。這點初看起來似乎有些顛倒，而且好像違反尋求知識的目的。但同樣我們可以說惟有借助於反思作用去改造直接的東西，才能達到實體性的東西，這是一切時代共有的信念。到了近代才有人首先對於此點提出疑問，而堅持思維的產物和事物本身間的區別。據說，事物自身與我們對於事物自身的認識，完全是兩回事。這種將思想與事物自身截然分開的觀點，特別是康德的批判哲學所發揮出來的，與前些時代認為事情（Sache）⑥

人心的使命即在於認識真理。

與思想相符合是不成問題的信心，正相反對。這種思想與事情的對立是近代哲學興趣的轉折點。但人類的自然信念卻不以為這種對立是真實的。在日常生活中，我們也進行反思，但並未特別意識到單憑反思即可達到真理；我們進行思考，不顧其他，只是堅決相信思想與事情是符合的，而這種信念確是異常重要。但我們這時代有一種不健康的態度，足以引起懷疑與失望，認為我們的知識只是一種主觀的知識，並且誤認這種主觀的知識是最後的東西。但是，真正講來，真理應是客觀的，並且應是規定一切個人信念的標準，只要個人的信念不符合這標準，這信念便是錯誤的。反之，據近來的看法，主觀信念本身，單就其僅為主觀形式的信念而言，不管其內容如何，已經就是好的，這樣便沒有評判它的真偽的標準。前面我們曾說過，"人心的使命即在於認識真理"，這是人類的一個舊信念，這話還包含有一層道理，即任何對象，外在的自然和內心的本性，舉凡一切事物，其自身的真相，必然是思維所思的那樣，所以思維即在於揭示出對象的真理。哲學的任務只在於使人類自古以來所相信於思維的性質，能得到顯明的自覺而已。所以，哲學並無新的發明，我們這裏通過我們的反思作用所提出的說法，已經是人人所直接固有的信念。

§23 〔思維的第四個特點：自由〕

（δ）反思既能揭示出事物的真實本性，而這種思維同樣也是我的活動，如是則事物的真實本性也同樣是我的精神的產物，就我作為能思的主體，就我作為我的簡單的普遍性而言的產物，也可以說是完全自己存在着的我或我的自由的產物。

〔說明〕我們常常聽見為自己思考的說法，好像這話包含有重大的意義似的。其實，沒有人能夠替別人思考，正如沒有人能夠替別人飲食一樣。所以這話是重複的。在思維內即直接包含自由，因為思想是有普遍性的活動，因而是一種抽象的自己和自己聯繫，換言之，就思維的主觀性而言，乃是一個沒有規定的自在存在，但就思維的內容而言，卻又同時包含有事情及事情的各種規定。因此如果說到哲學研究上的謙遜或卑謙與驕傲，則謙遜或卑謙在於不附加任何特殊的特質或行動給主觀性，所以就內容來說，只有思維深入於事物的實質，方能算得真思想；就形式來說，思維不是主體的私有的特殊狀態或行動，而是擺脫了一切特殊性、任何特質、情況等等抽象的自我意識，並且只是讓普遍的東西在活動，在這種活動裏，思維只是和一切個體相同一。在這種情形下，我們至少可以說哲學是擺脫掉

其實，沒有人能夠替別人思考，
正如沒有人能夠替別人飲食一樣。

驕傲了。所以當亞里士多德要求思想須保持一種高貴態度時，他所說的高貴性應即在於擺脫一切特殊的意見和揣測，而讓事物的實質當權。

§24 〔邏輯學與形而上學合流〕

思想，按照這樣的規定，可以叫做客觀的思想，甚至那些最初在普通形式邏輯裏慣於只當作被意識了的思維形式，也可以算作客觀的形式。因此邏輯學便與形而上學合流了。形而上學是研究思想所把握住的事物的科學，而思想是能夠表達事物的本質性的。

〔說明〕關於思想的某些形式如概念、判斷和推論與其他的形式如因果律等等的關係，只是在邏輯學本身內才能加以研究。但現時至少有這樣多是可以清楚看見的，就是當思想對事物要形成一個概念時，這概念及其最直接的形式判斷和推論，決不會是由一些生疏的、外在的規定和關係所形成的。反思，有如上面所說，能深入於事物的共性，而共性本身即是概念的一個環節。說知性或理性是在世界中，同樣地說出了客觀思想所包含的相同的意義。這種說法也仍然有些不方便，因為一般的習慣總以為思想只是屬於精神或意識的，而客觀一詞最初也只是用來指謂非精神的東西。

附釋一：當我們說思想作為客觀思想是世界的內在本質時，似乎這樣一來就會以為自然事物也是有意識的。對此我們還會感覺一種矛盾，一方面把思維看成事物的內在活動，一方面又說人與自然事物的區別在於有思維。因此我們必須說自然界是一個沒有意識的思想體系，或者像謝林所說的那樣，自然是一種頑冥化的 (Versteinerte) 理智。為了免除誤會起見，最好用思想規定或思想範疇以代替思想一詞。據前面所說，邏輯的原則一般必須在思想範疇的體系中去尋求。在這個思想範疇的體系裏，普通意義下的主觀與客觀的對立是消除了的。這裏所說的思想和思想範疇的意義，可以較確切地用古代哲學家所謂"Nous (理性) 統治這世界"一語來表示。或者用我們的說法，理性是在世界中，我們所了解的意思是說，理性是世界的靈魂，理性居住在世界中，理性構成世界的內在的、固有的、深邃的本性，或者說，理性是世界的共性。……

……

附釋二：邏輯學是以純粹思想或純粹思維形式為研究的對象。就思想的通常意義來說，我們所表象的東西，總不僅僅是純粹的思想，因為我們總以為一種思想它的內容必定是經驗的東西。而邏輯

理性是世界的靈魂，
理性居住在世界中，
理性構成世界的……本性。

學中所理解的思想則不然，除了屬於思維本身，和通過思維所產生的東西之外，它不能有別的內容。所以，邏輯學中所說的思想是指純粹思想而言。所以邏輯學中所說的精神也是純粹自在的精神，亦即自由的精神，因為自由正是在他物中即是在自己本身中、自己依賴自己、自己是自己的決定者。所以思想與衝動不同。在一切衝動中，我是從一個他物，從一個外在於我的事物開始。在這裏，我們說的是依賴，不是自由。只有當沒有外在於我的他物和不是我自己本身的對方時，我才能說是自由。那只是被他自己的衝動所決定的自然人，並不是在自己本身內：即使他被衝動驅使，表現一些癖性，但他的意志和意見的內容卻不是他自己的，他的自由也只是一種形式上的自由。但當我思維時，我放棄我的主觀的特殊性，我深入於事情之中，讓思維自為地作主，倘若我參雜一些主觀意思於其中，那我就思維得很壞。

如果依前此所說，認為邏輯學是純粹思維規定的體系，那末別的部門的哲學科學，如像自然哲學和精神哲學，似乎就是應用的邏輯學，因為邏輯學是自然哲學和精神哲學中富有生氣的靈魂。其餘部門的哲學興趣，都只在於認識在自然和精神形態中的邏輯形式，而自然或精神的形態只是純粹思維形式的特殊的表現。……由此可見邏輯學是使一切科學生氣蓬勃的精神，邏輯學中的思維規定是一些純粹的精神力量。這些思維規定就是事物內在的核心，但是它們同時又是我們常常掛在口邊上的名詞，因此又顯得是異常熟知的東西。但是這類熟知的東西往往又是我們最無所知的東西。例如，存在就是一純粹思維規定，但我們平時決沒有想到把存在或是作為考察的對象。大家平時總以為，絕對必遠在彼岸，殊不知絕對卻正在目前，是我們凡有思想的人所日用而不自知的。所有這類的思維規定大都包含在語言裏面，所以兒童學習文法的用處，即在於使兒童不自覺地注意到人們平日思維中的種種區別。

人們慣常說，邏輯只是研究形式，它的內容卻來自別處。其實，我們可以說，邏輯思想比起一切別的內容來，倒並不只是形式，反之，一切別的內容比起邏輯思想來，卻反而只是〔缺乏實質的〕形式。邏輯思想是一切事物的自在自為地存在着的根據。要有相當高教養的人，才能夠把他的興趣指向這種邏輯的純粹規定。對這些邏輯規定加以自在自為的考察，還有一層較深遠的意義，即在於我們是從思維的本身去推演出這些思維的規定，並且即從這些思維規定的本身來看它們是否是真的。我們並

大家平時總以為，絕對必遠在彼岸，殊不知絕對卻正在目前，是我們凡有思想的人所日用而不自知的。

不是從外面把它們襲取而來，並勉強給予定義，我們也不是把它們拿來與它們出現在我們意識中的形態漫加比較而指出其價值和有效性。……

關於思想規定真與不真的問題，一定是很少出現在一般意識中的。因為思想規定只有應用在一些給予的對象的過程中才獲得它們的真理，因此，離開這種應用過程，去問思想規定本身真與不真，似乎沒有意義。但須知，這一問題的提出，正是解答其他一切問題的關鍵。說到這裏，我們首先必須知道，我們對於真理應該如何理解。通常我們總是認為我們的表象與一個對象相符合叫做真理。這說法預先假定有一個對象，我們的表象應與這對象相符合。但反之，從哲學的意義來看，概括地抽象地講來，真理就是思想的內容與其自身的符合。所以這與剛才所說的真理的意義，完全是另一種看法。但同時，即在平常習用的言語中，已經可以部分地尋得着較深的(哲學的)意義的真理。譬如我們常說到一個真朋友。所謂一個真朋友，就是指一個朋友的言行態度能夠符合友誼的概念。同樣，我們也常說一件真的藝術品。在這個意義下，不真即可說是相當於不好，或自己不符合自己本身。一個不好的政府即是不真的政府，一般說來，不好與不真皆由於一個對象的規定或概念與其實際存在之間發生了矛盾。對於這樣一種不好的對象，我們當然能夠得着一個正確的觀念或表象，但這個觀念的內容本身卻是不真的。像這類正確的同時又是不真的觀念，我們腦子裏面可以有很多。惟有上帝才是概念與實在的真正符合。但一切有限事物，自在地都具有一種不真實性，因為凡物莫不有其概念，有其存在，而其存在總不能與概念相符合。因此，所有有限事物皆必不免於毀滅，而其概念與存在間的不符合，都由此表現出來。個別的動物以類為其概念，通過個別動物的死亡，類便從其個別性裏解脱出來了。

在剛才所解釋的意義下，把真理認作自身的符合，構成邏輯學的真正興趣。因為在通常意識裏，關於思維規定的真理問題就完全不會發生。因此，邏輯學的職務也可以説是在於考察思維規定把握真理的能力和限度。這問題於是歸結到這裏：甚麼是無限事物的形式，甚麼是有限事物的形式，在通常意識裏，我們對於有限的思維形式從來沒有懷疑過，而是聽任其無條件地通行有效。但按照有限的規定去思維和行動，就是導致一切幻覺和錯誤後果的來源。

……

§25 〔思想與客觀的對立是“現時哲學的主要問題”〕

根據上節所說，客觀思想一詞最能夠表明真理，真理不僅應是哲學所追求的目標，而且應是哲學研究的絕對對象。但客觀思想一詞立即提示出一種對立，甚至可以說，現時哲學觀點的主要興趣，均在於說明思想與客觀對立的性質和效用，而且關於真理的問題，以及關於認識真理是否可能的問題，也都圍繞思想與客觀的對立問題而旋轉。如果所有思維規定都受一種固定的對立的限制，這就是說，如果這些思維規定的本性都只是有限的，那末思維便不適合於把握真理，認識絕對，而真理也不能顯現於思維中。那只能產生有限規定，並且只能在有限規定中活動的思維，便叫做知性(就知性二字嚴格的意思而言)。而且思維規定的有限性可以有兩層看法。第一、認為思維規定只是主觀的，永遠有一客觀的〔對象〕和它們對立。第二，認為各思維規定的內容是有限的，因此各規定間即彼此對立，而且更尤其和絕對對立。為了說明並發揮這裏所提示的邏輯學的意義和觀點起見，對於思維對客觀性的各種態度將加以考察，作為邏輯學進一步的導言。

〔說明〕在我的《精神現象學》一書裏，我是採取

對立。知性式的思維將每一有限的抽象概念當作本身自存或存在着的東西。

附釋：當我們說到思維一般或確切點說概念時，我們心目中平常總以為只是指知性的活動。誠然，思維無疑地首先是知性的思維。但思想並不僅是老停滯在知性的階段，而概念也不僅僅是知性的規定。知性的活動，一般可以說是在於賦予它的內容以普遍性的形式。不過由知性所建立的普遍性乃是一種抽象的普遍性，這種普遍性與特殊性堅持地對立着，致使其自身同時也成為一特殊的東西了。知性對於它的對象既持分離和抽象的態度，因而它就是直接的直觀和感覺的反面，而直接的直觀和感覺只涉及具體的內容，而且始終停留在具體性裏。

許多常常一再提出來的對於思維的攻擊，都可說是和理智與感覺的對立有關，這些對於思維的攻擊大都不外說思維太固執，太片面，如果加以一貫發揮，將會導致有危害的破壞性的後果。這些攻擊，如果其內容有相當理由的話，首先可以這樣回答說：它們並沒有涉及思維一般，更沒有涉及理性的思維，而只涉及理智的抽象思維。但還有一點必須補充，即無論如何，我們必須首先承認理智思維的權利和優點，大概講來，無論在理論的或實踐的範圍內，沒有理智，便不會有堅定性和規定性。

……

辯證法又常常被認作一種主觀任性的往復辯難之術。

§81 〔“否定的理性”〕

(b) 在**辯證的**階段，這些有限的規定揚棄它們自身，並且過渡到它們的反面。

〔説明〕(1) 當辯證法原則被知性孤立地、單獨地應用時，特別是當它這樣地被應用來處理科學的概念時，就形成**懷疑主義**。懷疑主義，作為運用辯證法的結果，包含單純的否定。(2) 辯證法通常被看成一種外在的技術，通過主觀的任性使確定的概念發生混亂，並給這些**概念**帶來**矛盾**的假象。從而不以這些規定為真實，反而以這種虛妄的假象和知性的抽象概念為真實。辯證法又常常被認作一種主觀任性的往復辯難之術。這種辯難乃出於機智，缺乏真實內容，徒以單純的機智掩蓋其內容的空疏。但就它的特有的規定性來説，辯證法倒是知性的規定和一般有限事物特有的、真實的本性。反思首先超出孤立的規定性，把它關聯起來，使其與別的規定性處於關係之中，但仍然保持那個規定性的孤立有效性。反之，辯證法卻是一種**內在**的超越 (immanente Hinausgehen)，由於這種內在的超越過程，知性概念的片面性和局限性的本來面目，即知性概念的自身否定性就表述出來了。凡有限之物莫不揚棄其自身。因此，辨證法構成科學進展的推動的靈魂。只有通過辯證法原則，科學內容才達到內在聯繫和必然性，並且只有在辯證法裏，一般才包含有真實的超出有限，而不只是外在的超出有限。

附釋一：正確地認識並掌握辯證法是極關重要的。辯證法是現實世界中一切運動、一切生命、一切事業的推動原則。同樣，辯證法又是知識範圍內一切真正科學認識的靈魂。在通常意識看來，不要呆板停留在抽象的知性規定裏，似乎只是一種公平適當的辦法。就像按照"自己生活也讓別人生活"(Leben und leben lassen)這句諺語，似乎自己生活與讓別人生活，各有其輪次，前者我們固然承認，後者我們也不得不承認。但其實，細究起來，凡有限之物不僅受外面的限制，而且又為它自己的本性所揚棄，由於自身的活動而自己過渡到自己的反面。所以，譬如人們說，人是要死的，似乎以為人之所以要死，只是以外在的情況為根據，照這種看法，人具有兩種特性：有生也有死。但對這事的真正看法應該是，生命本身即具有死亡的種子。凡有限之物都是自相矛盾的，並且由於自相矛盾而自己揚棄自己。

……

無論知性如何常常竭力去反對辯證法，我們卻不可以為只限於在哲學意識內才有辯證法或矛盾進

凡有限之物莫不揚棄其自身。……
生命本身即具有死亡的種子。

展原則。相反，它是一種普遍存在於其他各級意識和普通經驗裏的法則。舉凡環繞着我們的一切事物，都可以認作是辯證法的例證。我們知道，一切有限之物並不是堅定不移，究竟至極的，而毋寧是變化、消逝的。而有限事物的變化消逝不外是有限事物的辯證法。有限事物，本來以它物為其自身，由於內在的矛盾而被迫超出當下的存在，因而轉化到它的反面。在前面(§80)我們曾經説過，知性可以認作包含有普通觀念所謂上帝的仁德。現在我們可以説，辯證法在同樣客觀的意義下，約略相當於普通觀念所謂上帝的力量。當我們説，“一切事物(亦即指一切有限事物)都注定了免不掉矛盾”這話時，我們確見到了矛盾是一普遍而無法抵抗的力量，在這個大力之前，無論表面上如何穩定堅固的事物，沒有一個能夠持久不搖。雖則力量這個範疇不足以窮盡神聖本質或上帝的概念的深邃性，但無疑的，力量是任何宗教意識中的一個主要環節。

……

§82 〔“肯定的理性”〕

(c)思辨的階段或肯定理性的階段在對立的規定中認識到它們的統一，或在對立雙方的分解和過渡中，認識到它們所包含的肯定。

〔說明〕(1) 辯證法具有肯定的結果，因為它有確定的內容，或因為它的真實結果不是空的、抽象的虛無，而是對於某些規定的否定，而這些被否定的規定也包含在結果中，因為這結果確是一結果，而不是直接的虛無。(2) 由此可知，這結果是理性的東西，雖說只是思想的、抽象的東西，但同時也是具體的東西，因為它並不是簡單的形式的統一，而是有差別的規定的統一。所以對於單純的抽象概念或形式思想，哲學簡直毫不相干涉，哲學所從事的只是具體的思想。(3) 思辨邏輯內即包含有單純的知性邏輯，而且從前者即可抽得出後者。我們只消把思辨邏輯中辯證法的和理性的成分排除掉，就可以得到知性邏輯。這樣一來，我們就得着普通的邏輯，這只是各式各樣的思想形式或規定排比在一起的事實紀錄，卻把它們當作某種無限的東西。

附釋：……

再則，思辨的真理不是別的，只是經過思想的理性法則(不用說，這是指肯定理性的法則)。在日常生活裏，"思辨"一詞常用來表示揣測或懸想的意思，這個用法殊屬空泛，而且同時只是使用這詞的次要意義。譬如，當大家說到婚姻的揣測或商業的推測 (Handels-spekulation) 時，其用法便是如此。但這種日常用法，至多僅可表示兩點意思：一方面，思辨或懸想表示凡是直接呈現在面前的東西應加以超出，另一方面，形成這種懸想或推測的內容，最初雖只是主觀的，但不可聽其老是如此，而須使其實現，或者使它轉化為客觀性。

……

§83

邏輯學可分為三部分：

1. 存在論。

2. 本質論。

3. 概念論和理念論。

這就是說，邏輯學作為關於思想的理論可分為這樣三部分：

1. 關於思想的直接性——自在或潛在的概念的學說。

2. 關於思想的反思性或間接性——自為存在和假象的概念的學說。

3. 關於思想返回到自己本身和思想的發展了的自身持存——自在自為的概念的學說。

附釋：這裏所提出的邏輯學的分目，與前面關於思維的性質的全部討論一樣，只可當作一種預擬。對於它的證明或說明須俟對於思維本身的性質加以詳細的發揮時才可提出。因為在哲學裏證明即是指出一個對象所以如此，是如何地由於自身的本性有以使然。這裏所提出的思想或邏輯理念的三個主要階段，其彼此的關係可以這樣去看：只有概念才是真理，或更確切點說，概念是存在和本質的真理，這兩者若堅持在其孤立的狀態中，決不能認為是真理。一經孤立之後，存在，因為它只是直接的東西；本質，因為它最初只是間接的東西，所以兩者都不能說是真理。至此，也許有人要提出這樣的問題，既然如此，為甚麼要從不真的階段開始，而不直接從真的階段開始呢？我們可以回答說，真理既是真理，必須證實其自身是真理，此種證實，這裏單就邏輯學範圍之內來說，在於證明概念是自己通過自己，自己與自己相聯繫的中介性，因而就證明了概念同時是真正的直接性。這裏所提出的邏輯理念中三個階段的關係，其真實而具體的形式可以這樣表示：上帝既是真理，我們要認識他的真面目，要認識他是絕對精神，只有賴於我們同時承認他所創造的世界，自然和有限的精神，當它們與上帝分離開和區別開時，都是不真實的。

真理既是真理，必須證實其自身是真理。

---

① 《精神現象學》論意識部分"第一章：感性確定性，這個和意謂"。——譯者

② 據本書第二版，此下尚有"我的普遍性卻不是一個單純的共同性，而是內在的普遍性自己本身"一語，第三版刪去，茲特補譯於此。——譯者

③ 參看康德：《純粹理性批判》，B131。——譯者

④ 純粹自身聯繫(die reine Beziehung auf sich selbst)在這裏是用來表示形式的抽象概念或聯繫的術語。如甲是甲，我是我，與非甲非我毫無關涉的純甲或純我，就是黑格爾所謂的純粹自身關係。——譯者

⑤ 反思德文作Nachdenken，英文作Reflection，直譯應作"後思"，實即反覆思索，作反省回溯的思維之意。人對感覺所得的表象材料，加以反思而得概念，猶如反芻動物將初步吃進胃中的食物，加以反芻，使可消化。參看前第二節、第五節及下節。——譯者

⑥ das Ding一般譯作"物"或"事物"。die Sache一般譯成"事情"，有時譯成"實質"，含有事物的"內容實質"之意。——譯者

第 *1* 篇

存在論

(Die Lehre vom Sein)

§ 84 〔存在論中諸範疇的特性："過渡"〕

存在只是潛在的概念。存在的各個規定或範疇都可用是去指謂。把存在的這些規定分別開來看，它們是彼此互相對立的。從它們進一步的規定(或辯證法的形式)來看，它們是互相過渡到對方。這種向對方過渡的進程，一方面是一種向外的設定，因而是潛在存在着的概念的開展，並且同時也是存在的向內回復或深入於其自己本身。因此在存在論的範圍內去解釋概念，固然要發揮存在的全部內容，同時也要揚棄存在的直接性或揚棄存在本來的形式。

A. 質（Die Qualität）
(a) 存在（Sein）

§86 〔邏輯學為何以“純有”（“純存在”）為開端〕

純存在或純有之所以當成邏輯學的開端，是因為純有既是純思，又是無規定性的單純的直接性，而最初的開端不能是任何間接性的東西，也不能是得到了進一步規定的東西。

〔說明〕只要我們能夠簡單地意識到開端的性質所包含的意義，那麼，一切可以提出來反對用抽象空洞的存在或有作為邏輯學開端的一切懷疑和責難，就都會消失。存在或有可以界說為“我即是我”，為絕對無差別性或同一性等等。只要感覺到有從絕對確定性，亦即自我確定性開始，或從對於絕對真理的界說或直觀開始的必要，則這些形式或別的同類的形式就可以看成必然是最初的出發點。但是由於這些形式中每一個都包含着中介性，因此不能是真正的最初開端。因為中介性包含由第一進展到第二，由此一物出發到別的一些有差別的東西的過程。如果“我即是我”，甚或理智的直觀真的被認作只是最初的開端，則它在這單純的直接性裏僅不過是有罷了。反之，純有若不再是抽象的直接性，而是包含間接性在內的"有"，則是純思維或純直觀。

如果我們宣稱存在或有是絕對的一個謂詞，則我們就得到絕對的第一界說，即："絕對就是有"。這就是純全(在思想中)最先提出的界說，最抽象也最空疏。這就是愛利亞學派所提出來的界說，同時也是最著名的界說，認上帝是一切實在的總和。簡言之，依這種看法，我們須排除每一實在內的限制，這樣才可以表明，只有上帝才是一切實在中之真實者，最高的實在。如果實在已包含有反思在內，那麼，當耶柯比說斯賓諾莎的上帝是一切有限存在中的存在原理時，就已經直接說出這種看法了。

……

附釋二：在哲學史上，邏輯理念的不同階段是以前後相繼的不同的哲學體系的姿態而出現，其中每一體系皆基於對絕對的一個特殊的界說。正如邏輯理念的開展是由抽象進展到具體，同樣在哲學史上，那最早的體系每每是最抽象的，因而也是最貧乏的。故早期的哲學體系與後來的哲學體系的關係，大體上相當於前階段的邏輯理念與後階段的邏輯理念的關係，這就是說，早期的體系被後來的體系所揚棄，並被包括在自身之內。這種看法就表明

一切哲學都曾被推翻了，但我們同時也須堅持，沒有一個哲學是被推翻了的，甚或沒有一個哲學是可以推翻的。

了哲學史上常被誤解的現象——一個哲學體系為另一哲學體系所推翻，或前面的哲學體系被後來的哲學體系推翻的真意義。每當說到推翻一個哲學體系時，總是常常被認為只有抽象的否定的意義，以為那被推翻的哲學已經毫無效用，被置諸一旁，而根本完結了。如果真是這樣，那末，哲學史的研究必定會被看成異常苦悶的工作，因為這種研究所顯示的，將會只是所有在時間的進程裏發生的哲學體系如何一個一個地被推翻的情形。雖然我們應當承認，一切哲學都曾被推翻了，但我們同時也須堅持，沒有一個哲學是被推翻了的，甚或沒有一個哲學是可以推翻的。這有兩方面的解釋：第一、每一值得享受哲學的名義的哲學，一般都以理念為內容；第二、每一哲學體系均可看作是表示理念發展的一個特殊階段或特殊環節。因此所謂推翻一個哲學，意思只是指超出了那一哲學的限制，並將那一哲學的特定原則降為較完備的體系中的一個環節罷了。所以，哲學史的主要內容並不是涉及過去，而是涉及永恆及真正現在的東西。而且哲學史的結果，不可與人類理智活動的錯誤陳跡的展覽相比擬，而只可與眾神像的廟堂相比擬。這些神像就是理念在辯證發展中依次出現的各階段。所以哲學史總有責任去確切指出哲學內容的歷史開展與純邏輯理念的辯證開展一方面如何一致，另一方面又如何有出入。但這裏須首先提出的，就是邏輯開始之處實即真正的哲學史開始之處。我們知道，哲學史開始於愛利亞學派，或確切點說，開始於巴曼尼得斯的哲學。因為巴曼尼得斯認“絕對”為“有”，他說：“惟‘有’在，‘無’不在”。這須看成是哲學的真正開始點，因為哲學一般是思維着的認識活動，而在這裏第一次抓住了純思維，並且以純思維本身作為認識的對象。

……真正的關係應該是這樣：有之為有並非固定之物，也非至極之物，而是有辯證法性質，要過渡到它的對方的。“有”的對方，直接地說來，也就是無。總結起來，“有”是第一個純思想，無論從任何別的範疇開始(如從我即是我，從絕對無差別，或從上帝自身開始)，都只是從一個表象的東西，而非從一個思想開始；而且這種出發點就其思想內容來看，仍然只是“有”。

§87 〔“無”〕

但這種純有是純粹的抽象，因此是絕對的否定。這種否定，直接地說來，也就是無。

〔說明〕(1) 由此便推演出對於絕對的第二界說：

絕對即是無。其實，這個界說所包含的意思不外說：物自身是無規定性的東西，完全沒有形式因而是毫無內容的。或是說，上帝只是最高的本質，此外甚麼東西也不是。因為這實無異於說，上帝仍然只是同樣的否定性。那些佛教徒認作萬事萬物的普遍原則、究竟目的和最後歸宿的"無"，也是同樣的抽象體。

⑵ 如果把這種直接性中的對立表述為有與無的對立，因而便說這種對立為虛妄不實，似乎未免太令人詫異，以致使得人不禁想要設法去固定"有"的性質，以防止它過渡到"無"。為達到這目的起見，我們的反思作用自易想到為"有"去尋求一個確定的界說，以便把"有"與"無"區別開。譬如，我們認"有"為萬變中之不變者，為可以容受無限的規定之質料等，甚或漫不加思索地認"有"為任何個別的存在，任何一個感覺中或心靈中偶然的東西。但所有這些對"有"加以進一步較具體的規定，均足以使"有"失其為剛才所說的開始那種直接性的純有。只有就"有"作為純粹無規定性來說，"有"才是無——一個不可言說之物；它與"無"的區別，只是一個單純的指謂上的區別。

凡此所說，目的只在於使人意識到這些開始的範疇只是些空虛的抽象物，有與無兩者彼此都是同樣的空虛。我們想要在"有"中，或在"有"和"無"兩者中，去尋求一個固定的意義的要求，即是對“有”和“無”加以進一步的發揮，並給予它們以真實的，亦即具體的意義的必然性。這種進展就是邏輯的推演，或按照邏輯次序加以闡述的思維過程。那能在“有”和“無”中發現更深一層含義的反思作用，即是對此種含義加以發揮(但不是偶然的而是必然的發揮)的邏輯思維。因此“有”和“無”獲得更深一層的意義，只可以看成是對於絕對的一個更確切的規定和更真實的界說。於是這樣的界說便不復與“有”和“無”一樣只是空虛的抽象物，而毋寧是一個具體的東西，在其中，“有”和“無”兩者皆只是它的環節。“無”的最高形式，就其為一個獨立的原則而言，可以說就是“自由”。這種自由，雖是一種否定，但因為它深入於它自身的最高限度，自己本身即是一種肯定，甚至即是一種絕對的肯定。

附釋：“有”與“無”最初只是應該有區別罷了，換言之，兩者之間的區別最初只是潛在的，還沒有真正發揮出來。一般講來，所謂區別，必包含有二物，其中每一物各具有一種為他物所沒有的規定性。但“有”既只是純粹無規定者，而“無”也同樣的沒有規定性。因此，兩者之間的區別，只是一指謂上的區別，或完全抽象的區別，這種區別同時又是無區別。在他種區別開的東西中，總會有包括雙方的共同點。譬如，試就兩個不同“類”的事物而言，類便是兩種事物間的共同點。依據同樣的道理，我們說，有自然存在，也有精神存在，在這裏，“存在”就是兩者間的共同點。反之，“有”與“無”的區別，便是沒有共同基礎的區別。因此兩者之間可以說是沒有區別，因為沒有基礎就是兩者共同的規定。如果有人這樣說，“有”與“無”既然兩者都是思想，則思想便是兩者的共同基礎，那末，說這話的人便忽視了，“有”並不是一特殊的、特定的思想，而毋寧是一完全尚未經規定、因此尚與“無”沒有區別的思想。……

§88 〔“變易”〕

如果說，無是這種自身等同的直接性，那末反過來說，有正是同樣的東西。因此“有”與“無”的真理，就是兩者的統一。這種統一就是變易(Das Werden)。……

也許有人會這樣說：我們不能形成有與無統一的概念。但須知，有與無統一的概念已於前面幾節裏闡明了，此外更無別的可說了。要想掌握有無統一的性質，就必須理解前幾節所說的道理。也許反對者所了解的概念，比真正的概念所包含的意義還更廣泛些。他所說的概念大約是指一個較複雜、較豐富的意識，一個表象而言。他以為這樣的概念是可以作為一個具體的事例表達出來的，而這種事例也是思想於其通常的運用裏所熟習的。只要"不能形成概念"僅表示不習慣於堅執持抽象思想而不混之以感覺，或不習慣於掌握思辨的真理，那末，只須說哲學知識與我們日常生活所熟習的知識以及其他科學的知認，是的確不同類的，就可解答明白了。但是如果"不能形成概念"只是指我們不能想像或表象有與無的統一，那末這話事實上並不可靠，因為寧可說每人對於有無的統一均有無數多的表象。說我們沒有有無統一的表象，只能指我們不能從任何一個關於有無統一的表象裏認識有無統一的概念，也不知道這些表象是代表有無統一的概念的一個例子。足以表示有無統一的最接近的例子是變易（Das Werden）。人人都有一個變易的表象，甚至都可承認變易是一個表象。他並可進而承認，若加以分析，則變易這個表象，包含有有的規定，同時也包含與有相反的無的規定；而且這兩種規定在變易這一表象裏又是不可分離的。所以，變易就是有與無的統一。另一同樣淺近的例子就是開始這個觀念。當一種事情在其開始時，尚沒有實現，但也並不是單純的無，而是已經包含它的有或存在了。開始本

人人都有一個變易的表象，甚至都可承認變易是一個表象。

身也是變易，不過“開始”還包含有向前進展之意。為了符合於科學的通常進程起見，人們可以讓邏輯學從純思維的“開始”這一觀念出發，也就是從“開始本身”這一觀念開始，並對“開始”這一觀念進行分析。由於這樣分析的結果，人們或許更易於接受有與無是不可分的統一體的理論。

附釋：變易是第一個具體思想，因而也是第一個概念，反之，有與無只是空虛的抽象。所以當我們說到“有”的概念時，我們所謂“有”也只能指“變易”，不能指“有”，因為“有”只是空虛的“無”；也不能指“無”，因為“無”只是空虛的“有”。所以“有”中有“無”，“無”中有“有”；但在“無”中能保持其自身的“有”，即是變易。在變易的統一中，我們卻不可抹煞有與無的區別，因為沒有了區別，我們將會又返回到抽象的“有”。變易只是“有”按照它的真理性的“設定存在”(Gesetztsein)。

……

變易既是第一個具體的思想範疇，同時也是第一個真正的思想範疇。在哲學史上，赫拉克利特的體系約相當於這個階段的邏輯理念。當赫拉克利特說：“一切皆在流動”(πάνῖα ζεῐ)時，他已經道出了變易是萬有的基本規定。反之，愛利亞學派的人，有如前面所說，則認“有”、認堅硬靜止的“有”為惟一的真理。針對着愛利亞學派的原則，赫拉克利特於是進一步說：“有比起非有來並不更多一些”，（*οὐδὲν μᾶλλον τὸ ὂν τοῦ μὴ ὄντοsέδσί*）。這句話已說出了抽象的“有”之否定性，說出了“有”與那個同樣站不住的抽象的“無”在變易中所包含的同一性。從這裏我們同時還可以得到一個哲學體系為另一哲學體系所真正推翻的例子。對於一個哲學體系加以真正的推翻，即在於揭示出這體系的原則所包含的矛盾，而將這原則降為理念的一個較高的具體形式中組成的理想環節。但更進一層說，變易本身仍然是一個高度貧乏的範疇，它必須進一步深化，並充實其自身。例如，在**生命**裏，我們便得到一個變易深化其自身的範疇。生命是變易，但變易的概念並不能窮盡生命的意義。在較高的形式裏，我們還可見到在精神中的**變易**。精神也是一變易，但較之單純的邏輯的變易，卻更為豐富與充實。構成精神的統一的各環節，並不是有與無的單純抽象概念，而是邏輯理念和自然的體系。

有比起非有來並不更多一些。

(b) 定在(Dasein)

§89 〔從"變易"到"定在"〕

在變易中，與無為一的有及與有為一的無，都只是消逝着的東西。變易由於自身的矛盾而過渡到有與無皆被揚棄於其中的統一。由此所得的結果就是定在〔或限有〕。

……

附釋：即在我們通常對於變易的觀念裏，亦包含有某種東西由變易而產生出來的意思。所以變易必有結果。但這種看法就會引起這樣的問題，即變易如何不僅是變易，而且會有結果呢？對於這個問題的答覆，可以從前面所表明的變易的性質中得出來。變易中既包含有與無，而且兩者總是互相轉化，互相揚棄。由此可見，變易乃是完全不安息之物，但又不能保持其自身於這種抽象的不安息中。因為既然有與無消逝於變易中，而且變易的概念〔或本性〕只是有無的消失，所以變易自身也是一種消逝着的東西。變易有如一團火，於燒燬其材料之後，自身亦復消滅。但變易過程的結果並不是空虛的無，而是和否定性相同一的有，我們叫做限有或定在。限有最初顯然表示經過變易或變化的意思。

§90 〔從"定在"到"質"〕

定在或限有是具有一種規定性的存在，而這種規定性，作為直接的或存在着的規定性就是質。定在返回到它自己本身的這種規定性裏就是在那裏存在着的東西，或某物。由分析限有而發展出來的範疇，只須加以簡略地提示。

附釋：質是與存在同一的直接的規定性，與即將討論的量不同，量雖然也同樣是存在的規定性，但不復是直接與存在同一，而是與存在不相干的。且外在於存在的規定性。某物之所以是某物，乃由於其質，如失掉其質，便會停止其為某物。再則，質基本上僅僅是一個有限事物的範疇，因此這個範疇只在自然界中有其真正的地位，而在精神界中則沒有這種地位。例如，在自然中，所謂原素即氧氣、氮氣等等，都被認為是存在着的質。但是在精神的領域裏，質便只佔一次要的地位，並不是好像通過精神的質可以窮盡精神的某一特定形態。譬如，如果我們考察構成心理學研究對象的主觀精神，我們誠然可以說，普通所謂〔道德上或心靈上〕的品格，其在邏輯上的意義相當於此處所謂質。但這並不是說，品格是瀰漫靈魂並且與靈魂直接同一的規定性，像剛才所說的諸原素在自然中那樣。但即在心靈中，質也有較顯著的表現：即如當心靈陷於不自由及病態的狀況之時，特別是當感情激動並且達到了瘋狂的程度時，就有這種情形。一個發狂的人，他的意識完全為猜忌、恐懼種種情感所浸透，我們很可以正確地說，他的意識可以規定為“質”。

§93 〔“壞無限”〕

某物成為一個別物，而別物自身也是一個某物，因此它也同樣成為一個別物，如此遞推，以至無限。

§94 〔“壞無限”〕

這種無限是壞的或否定的無限。因為這種無限不是別的東西，只是有限事物的否定，而有限事物仍然重複發生，還是沒有被揚棄。換句話說，這種無限只不過表示有限事物應該揚棄罷了。這種無窮進展只是停留在說出有限事物所包含的矛盾，即有限之物既是某物，又是它的別物。這種無限進展乃是互相轉化的某物與別物這兩個規定彼此交互往復的無窮進展。

附釋：如果我們將定在的兩個環節，某物與別物，分開來看，就可得出下面這樣的結果：某物成為一別物，而別物自身又是一某物，這某物自身同樣又起變化，如此遞進，以至無窮。這種情形從反思的觀點看來，似乎已達到很高甚或最高的結果。但類似這樣的無窮進展，並不是真正的無限。真正的無限毋寧是"在別物中即是在自己中"，或者從過程方面來表述，就是："在別物中返回到自己"。對於真正無限的概念有一正確的認識，而不單純滯留在無窮的進展的壞的無限中，這具有很大的重要性。當我們談到空間和時間的無限性時，我們最初所想到的總是那時間的無限延長，空間的無限擴展。譬如我們說，此時——現在——，於是我們便進而超出此時的限度，不斷地向前或向後延長。同樣，對於空間的看法也是如此。關於空間的無限，許多喜歡自樹新說的天文學家曾經提出了不少空洞的宏論。他們常宣稱，要思考時間空間的無限性，我們的思維必須窮盡到了至極。無論如何，至少這是對的，我們必須放棄這種無窮地向前進展的思考，但並不是因為作這種思考太崇高了，而是因為這種工作太單調無聊了。置身於思考這種無限進展

但逃遁的人還不是自由的人。在逃遁中，他仍然受他所要逃避之物的限制。

之所以單調無聊，是因為那是同一事情之無窮的重演。人們先立定一個限度，於是超出了這限度。然後人們又立一限度，從而又一次超出這限度，如此遞進，以至無窮。凡此種種，除了表面上的變換外，沒有別的了。這種變換從來沒有離開有限事物的範圍。假如人們以為踏進這種的無限就可從有限中解放出來，那末，事實上只不過是從逃遁中去求解放。但逃遁的人還不是自由的人。在逃遁中，他仍然受他所要逃避之物的限制。此外還有人說，無限是達不到的，這話誠然是完全對的，但只是因為無限這一規定中包含有抽象的否定的東西。哲學從來不與這種空洞的單純彼岸世界的東西打交道。哲學所從事的，永遠是具體的東西，並且是完全現在的東西。當然有人也這樣提出過哲學的課題，說哲學必須解答無限如何會決意使自己從自己本身中迸發出來的問題。這個問題根本上預先假定了有限與無限的凝固對立，只好這樣加以答覆：這種對立根本就是虛妄的，其實無限永恆地從自身發出來，也永恆地不從自身發出來。如果我們另外說，無限是"非有限"，那末就可算得真正道出真理了，因為有限本身既是第一個否定，則"非有限"便是否定之否定，亦即自己與自己同一的否定，因而同時即是真正的肯定。

這裏所討論的反思中的無限只可説是達到無限的一種嘗試，一個不幸的、既非有限也非無限的中間物。一般説來，這種對於無限的抽象看法，就是近來在德國甚為通行的一種哲學觀點。持這種觀點的人認為，有限只是應該加以揚棄的，無限不應該只是一否定之物，而應該是一肯定之物。在這種“應該”裏，總是包含有一種軟弱性，即某種事情，雖然已被承認為正當的，但自己卻又不能使它實現出來。康德和費希特的哲學，就其倫理思想而論，從沒有超出這種“應該”的觀點。那無窮盡地逐漸接近理性律令的公設，就是循着這種應該的途徑所能達到的最高點。於是根據這種公設，人們又去證明靈魂的不滅。

§95 〔“真無限”〕

事實上擺在我們前面的，就是某物成為別物，而別物一般地又成為別物。某物既與別物有相對關係，則某物本身也是一與別物對立之別物。既然過渡達到之物與過渡之物是完全相同的（因為二者皆具有同一或同樣的規定，即同是別物），因此可以推知，當某物過渡到別物時，只是和它自身在一起罷了。而這種在過渡中、在別物中達到的自我聯繫，就是真正的無限。或者從否定方面來看，凡變化之物即是別物，它將成為別物之別物。所以存在作為否定之否定，就恢復了它的肯定性，而成為自為存在（Fürsichsein）。

〔說明〕認為有限與無限有不可克服的對立的二元論，卻沒有明瞭這個簡單的道理，因為照二元論的看法，無限只是對立的雙方之一方，因而無限也成為一個特殊之物，而有限就是和它相對的另一特殊之物。像這樣的無限，只是一特殊之物，與有限並立，而且以有限為其限制或限度，並不是應有的無限，並不是真正的無限，而只是有限。在這樣的關係中，有限在這邊，無限在那邊，前者屬於現界，後者屬於他界，於是有限就與無限一樣都被賦予同等的永久性和獨立性的尊嚴了。有限的存在被這種二元論造成絕對的存在，而且得到固定和獨立性。這種固定的獨立的有限，如果與無限接觸，將會銷融於無形；但二元論決不使無限有接觸有限的機會，而認為兩者之間有一深淵，有一無法渡越的鴻溝，無限堅持在那邊，有限堅持在這邊。主張有限與無限堅固對立的人，並不像他們想像的那樣，超出了一切形而上學，其實他們還只是站在最普通的知性形而上學的立場。因為這裏的情形與無限遞進中所表明的情形是一樣的：有時他們承認有限不是自在自為的，沒有獨立的現實性，沒有絕對存在，而只是一種暫時過渡的東西；但有時他們又完全忘記這些，而認為有限與無限正相對立，與無限完全分離，將有限從變滅無常中拯救出來，把它當作獨立的、自身堅持的東西。如果我們以為這樣一來，思想就可以提高到無限，殊不知，適得其反。因為這樣，思想所達到的無限，其實只是一種有限，而思想所遺留下來的有限，將會永遠保持着，被當作絕對。

當我們經過上面這番考察，指明了知性所堅持的有限與無限的對立為虛妄之後（關於此點，試比較柏拉圖的《菲利布篇》①，當不無益處），我們自易陷入這種說法，即既然無限與有限是一回事，則真理或真正的無限就須宣稱並規定為無限與有限的統一。這種說法誠然不錯，但也足以引起誤解和錯誤，有如前面關於有無統一所指出的那樣。此外，這種說法還會引起有限化無限或無限化有限的正當責難。因為在這種說法裏，有限似乎只是原樣保留在那裏，而並未明白說出有限是被揚棄了的。……

思想所達到的無限，其實只是一種有限，而思想所遺留下來的有限，將會永遠保持着，被當作絕對。

B. 量（Die Quantität）

(a) 純量（Reine Quantität）

§99 〔“量”的一般特性〕

量是純粹的存在，不過這種純粹存在的規定性不再被認作與存在本身相同一，而是被認作揚棄了的或無關輕重的。

〔說明〕(一) 大小 (Größe) 這名詞大都特別指特定的量而言，因此不適宜於用來表示量。(二) 數學通常將大小定義為可增可減的東西。這個界說的缺點，在於將被界說者重複包含在內。但這亦足以表明大小這個範疇是顯明地被認作可以改變的和無關輕重的，因此儘管大小的外延或內包有了增減或變化，但一個東西，例如一所房子或紅色，房子卻不失其為一所房子，紅色卻不失其為紅色。(三) 絕對是純量。這個觀點大體上與認物質為絕對的觀點是相同的，在這個觀點裏，誠然仍有形式，但形式僅是一種無關輕重的規定。量也是構成絕對的基本規定，如果我們認絕對為一絕對的無差別，那末一切的區別就會只是量的區別。此外，如果我們認實在為無關輕重的空間充實或時間充實，則純空間和時間等等，也都可以當作量的例子。

……

§100 〔“量”的連續性與分離性〕

就量在它的直接自身聯繫中來說，或者就量為通過引力所設定的自身同一的規定來說，便是連續的量；就量所包含的一的另一規定來說，便是分離的量。但連續的量也同樣是分離的，因為它只是多的連續；而分離的量也同樣是連續的，因為它的連續性就是作為許多一的同一或統一的“一”。

〔說明〕(一) 因此連續的和分離的大小必不可視作兩種不同的大小，好像其一的規定並不屬於其他似的；反之，兩者的區別僅在於對同一個整體，我們有時從它的這一規定，有時又從它的另一規定去加以說明。(二) 關於空間、時間、或物質的兩種矛盾說法(Antinomie)，認它們為可以無限分割，還是認它們為絕不可分割的“一”〔或單位〕所構成，這不過是有時持量為連續的，有時持量為分離的看法罷了。如果我們假設空間、時間等等僅具有連續的量的規定，它們便可以分割至無窮；如果我們假設它們僅具有分離的量的規定，它們本身便是已經分割了的，都是由不可分割的“一”〔或單位〕所構成的。

兩說都同樣是片面的。

附釋：量作為自為存在發展的最近結果，包含着自為存在發展過程的兩個方面，斥力和引力，作為它自身的兩個理想環節，因此量便既是連續的，又是分離的。兩個環節中的每一環節都包含另一環節於自身內，因此既沒有只是連續的量，也沒有只是分離的量。我們也可以說兩者是兩種特殊的彼此互相反對的量；但這只是我們抽象反思的結果，我們的反思在觀察特定的量時，對於那不可分的統一的量的概念，有時單看它所包含的這一成分，有時又單看它所包含的另一成分。譬如，我們可以說，這間屋子所佔的空間為一連續的量，而集合在屋子內的一百人為分離的量。但那屋子的空間卻同時是連續的又是分離的。因此我們可以說空間點，並且可以將空間加以區分，譬如，將它分成某種長度，若干尺若干寸等，這種做法只有在空間潛在地也是分離的這前提之下，才是可能的。在另一方面，同樣，那由一百人構成的分離之量同時也是連續的，而其連續性乃基於人所共同的東西，即人的類性，這類性貫穿於所有的個人，並將他們彼此聯繫起來。

C.　尺度（Das Maβ）

§107　〔“尺度”是“質”與“量”的統一〕

尺度是有質的定量，尺度最初作為一個直接性的東西，就是定量，是具有特定存在或質的定量。

附釋：尺度既是質與量的統一，因而也同時是完成了的存在。當我們最初說到存在時，它顯得是完全抽象而無規定性的東西；但存在本質上即在於規定其自己本身，它是在尺度中達到其完成的規定性的。尺度，正如其他各階段的存在，也可被認作對於“絕對”的一個定義。因此有人便說，上帝是萬物之尺度。這種直觀也是構成許多古代希伯來頌詩的基調，這些頌詩大體上認為上帝的光榮即在於他能賦予一切事物以尺度——賦予海洋與大陸、河流與山嶽，以及各式各樣的植物與動物以尺度。在希臘人的宗教意識裏，尺度的神聖性，特別是社會倫理方面的神聖性，便被想像為同一個司公正復仇之納美西斯（Nemesis）女神相聯繫。在這個觀念裏包含有一個一般的信念，即舉凡一切人世間的事物——財富、榮譽、權力、甚至快樂痛苦等——皆有其一定的尺度，超越這尺度就會招致沉淪和毀滅。即在

舉凡一切人世間的事物——財富、榮譽、權力、甚至快樂痛苦等——皆有其一定的尺度。

客觀世界裏也有尺度可尋。在自然界裏我們首先看見許多存在，其主要的內容都是尺度構成。例如太陽系即是如此，太陽系我們一般地可以看成是有自由尺度的世界。如果我們進一步去觀察無機的自然，在這裏尺度便似乎退到背後去了，因為我們時常看到無機物的質的規定性與量的規定性，彼此顯得好像互不相干。例如一塊崖石或一條河流，它的質與一定的量並沒有聯繫。但即就這些無機物而論，若細加考察，也不是完全沒有尺度的。因為河裏的水和構成崖石的各個組成部分，若加以化學的分析，便可以看出，它們的質是受它們所包含的原素之量的比例所制約的。而在有機的自然裏，尺度就更為顯著，可為吾人所直接察覺到。不同類的植物和動物，就全體而論，並就其各部分而論，皆有某種尺度，不過尚須注意，即那些比較不完全的或比較接近無機物的有機產物，由於它們的尺度不大分明，與較高級的有機物也有部分的差別。譬如，在化石中我們發現有所謂帆螺殼(Ammonshörner)，其尺度之分明，只有用顯微鏡才可認識，而許多別的化石，其尺度之大有如一車輪。同樣的尺度不分明的現象，也表現在許多處於有機物形成的低級階段的植物中，例如鳳凰草。

§108 〔量變不引起質變和量變即引起質變〕

就尺度只是質與量的直接的統一而言，兩者間的差別也同樣表現為直接形式。於是質與量的關係便有兩種可能。第一種可能的關係就是：那特殊的定量只是一單純的定量，而那特殊的定在雖是能增減的，而不致因此便取消了尺度，尺度在這裏即是一種規則。第二種可能的關係則是：定量的變化也是質的變化。

附釋：尺度中出現的質與量的同一，最初只是潛在的，尚未顯明地實現出來。這就是說，這兩個在尺度中統一起來的範疇，每一個都各要求其獨立的效用。因此一方面定在的量的規定可以改變，而不致影響它的質，但同時另一方面這種不影響質的量之增減也有其限度，一超出其限度，就會引起質的改變。例如：水的溫度最初是不影響水的液體性的。但液體性的水的溫度之增加或減少，就會達到這樣的一個點，在這一點上，這水的聚合狀態就會發生質的變化，這水一方面會變成蒸氣，另一方面會變成冰。當量的變化發生時，最初好像是完全無足重輕似的，但後面卻潛藏着別的東西，這表面上無足重輕的量的變化，好像是一種機巧，憑借這種

他繼續一兩一兩地不斷增加它的負擔，直到後來這驢子擔負不起這重量而倒下了。

機巧去抓住質〔引起質的變化〕。這裏包含的尺度的兩種矛盾說法(antinomie)，古希臘哲學家已在不同形式下加以說明了。例如，問一粒麥是否可以形成一堆麥，又如問從馬尾上拔去一根毛，是否可以形成一禿的馬尾？當我們最初想到量的性質，以量為存在的外在的不相干的規定性時，我們自會傾向於對這兩個問題予以否定的答覆。但是我們也須承認，這種看來好像不相干的量的增減也有其限度，只要最後一達到這極點，則繼續再加一粒麥就可形成一堆麥，繼續再拔一根毛，就可產生一禿的馬尾。這些例子和一個農民的故事頗有相同處：據說有一農夫，當他看見他的驢子拖着東西愉快地行走時，他繼續一兩一兩地不斷增加它的負擔，直到後來，這驢子擔負不起這重量而倒下了。如果我們只是把這些例子輕易地解釋為學究式的玩笑，那就會陷於嚴重的錯誤，因為它們事實上涉及到思想，而且對於思想的性質有所認識，於實際生活，特別是對倫理關係也異常重要。例如，就用錢而論，在某種範圍內，多用或少用，並不關緊要。但是由於每當在特殊情況下所規定的應該用錢的尺度，一經超過，用得太多，或用得太少，就會引起質的改變，(有如上面例子中所說的由於水的不同的溫度而引起的質的變化一樣。)而原來可以認作節儉的行為，就會變成奢侈或吝嗇了。同樣的原則也可應用到政治方面。在某種限度內，一個國家的憲法可以認為既獨立於又依賴於領土的大小，居民的多少，以及其他量的規定。譬如，當我們討論一個具有一萬平方英里領土及四百萬人口的國家時，我們無庸遲疑即可承認幾平方英里的領土或幾千人口的增減，對於這個國家的憲法決不會有重大的影響。但反之，我們必不可忘記，當國家的面積或人口不斷地增加或減少，達到某一點時，除開別的情形不論，只是由於這種量的變化，就會使得憲法的質不能不改變。瑞士一小邦的憲法決不適宜於一個大帝國，同樣羅馬帝國的憲法如果移置於德國一小城，也不會適合。

① 參看柏拉圖對話集《菲利布篇》，斯提芬本，第33－38頁，裏面討論了有限、無限、有限與無限的結合等問題。——譯者

第2篇

本質論
(Die Lehre vom Wesen)

§112 〔本質論中諸範疇的特性："反思"〕

本質是設定起來的概念，本質中的各個規定只是相對的，還沒有完全返回到概念本身；因此，在本質中概念還不是自為的。本質，作為通過對它自身的否定而自己同自己中介着的存在，是與自己本身相聯繫，僅因為這種聯繫是與對方相聯繫，但這個對方並不是直接的存在着的東西，而是一個間接的和設定起來的東西。在本質中，存在並沒有消逝，但是首先，只有就本質作為單純的和它自身相聯繫來說，它才是存在；第二、但是存在，由於它的片面的規定，是直接性的東西，就被貶抑為僅僅否定的東西，被貶抑為假象(Schein)。因此本質是映現在自身中的存在。

〔說明〕絕對是本質。這一界說與前面認"絕對是存在"那一界說是相同的，這都是因為存在同樣地是單純的自我關係。不過這一界說同時比前面的那一界說又較高些，因為本質是自己過去了的存在，這就是說，本質的簡單的自身聯繫是被設定為否定之否定，並且是以自己為自己本身的中介的聯繫。但是，當絕對被界說為本質時，這界說所包含的否定性往往被了解為只是抽象意義的，沒有任何特定謂詞的否定性。這種否定活動，這種抽象作用，於是便不屬於本質之內，而本質自身就只是一個沒有前提的結論，一個抽象的死軀殼 (caput mortunm)。但是這種否定性既不是外在於存在，而是存在自身的辯證法〔矛盾進展〕，因此，本質是存在的真理，是自己過去了的或內在的存在。反思作用或自身映現構成本質與直接存在的區別，是本質本身特有的規定。

附釋：當我們一提到本質時，我們便將本質與存在加以區別，而認存在為直接的東西，與本質比較看來，只是一假象 (Schein)。但這種假象並非空無所有，完全無物，而是一種被揚棄的存在。本質的觀點一般地講來即是反思的觀點。反映或反思 (Reflexion) 這個詞本來是用來講光的，當光直線式地射出，碰在一個鏡面上時，又從這鏡面上反射回來，便叫做反映。在這個現象裏有兩方面，第一方面是一個直接的存在，第二方面同一存在是作為一間接性的或設定起來的東西。當我們反映或 (像大家通常說的) 反思一個對象時，情形亦復如此。因此這

事物的直接存在……就好像是一個表皮或一個帷幕，在這裏面或後面，還蘊藏着本質。

裏我們所要認識的對象，不是它的直接性，而是它的間接的反映過來的現象。我們常認為哲學的任務或目的在於認識事物的本質，這意思只是說，不應當讓事物停留在它的直接性裏，而須指出它是以別的事物為中介或根據的。事物的直接存在，依此說來，就好像是一個表皮或一個帷幕，在這裏面或後面，還蘊藏着本質。

……

§114 〔本質與非本質的統一〕

這種同一性既是從存在中出來的，最初似乎只具有存在的諸規定，這些規定與存在的關係似乎只是外在關係。這種外在的存在，如果認作與本質分離，它便可叫做非本質的東西，〔但這卻是錯誤的〕，因為本質是在自身內的存在（In-sich-sein），而本質之所以是本質的，只是因為它具有它自己的否定物在自身內，換言之，它在自身內具有與他物的聯繫，具有自身的中介作用。因此本質具有非本質的東西作為它自己固有的假象。但區別即包含有假象或中介性在內，而且既然凡是被區別開之物，一方面與它所從出的同一性有區別，因為它不是直接的同一性，而是同一性的假象；一方面它自身也仍然是一種同一性，所以它仍然採取存在或自身聯繫的直接性的形式。因此本質的範圍便成為一個直接性與間接性尚未完全結合的範圍。在這種不完全的結合裏，每一事物都是這樣被設定為具有自身聯繫，但同時又超出這自身聯繫的直接性。本質是一個反思的存在，一個映現他物的存在，也可以說，一個映現在他物中的存在。所以，本質的範圍又是發展了的矛盾的範圍，這矛盾在存在範圍內還是潛伏着的。

〔說明〕因為那惟一的概念構成一切事物的實質，所以在“本質”的發展裏出現了和在“存在”的發展裏相同的範疇，不過採取反思的形式罷了。所以，在存在裏為有與無的形式，而現在在本質裏便進而為肯定與否定的形式所替代。前者相當於無對立的存在的同一性，後者映現其自身，發展其自身成為區別。這樣，變易就立即進而發展為定在的根據，而定在當返回其根據時，即是實存（Existenz）[①]。

本質論是邏輯學中最困難的一部門。它主要包含有一般的形而上學和科學的範疇。這些範疇是反思的知性的產物，知性將各範疇的區別一方面認作獨立自存，一方面同時又明白肯定它們的相對性，知性只是用一個又字，將兩方面相互並列地或先後相續地聯合起來，而不能把這些思想結合起來，把它們統一成為概念。

A. 本質作為實存的根據
(Das Wesen als Grund der Existenz)
(a) 純反思規定②
(Die reine Reflexionsbestimmungen)
(1) 同一(Identität)

§115 〔"同一"是"本質映現於自身之內"〕

本質映現於自身內，或者說本質是純粹的反思；因此本質只是自身聯繫，不過不是直接的，而是反思的自身聯繫，亦即自身同一。

〔說明〕這種同一，就其堅持同一，脫離差別來說，只是形式的或知性的同一。換言之，抽象作用就是建立這種形式的同一性並將一個本身具體的事物轉變成這種簡單性形式的作用。有兩種方式足以導致這種情形：或是通過所謂分析作用丟掉具體事物所具有的一部分多樣性而只舉出其一種；或是抹煞多樣性之間的差異性，而把多種的規定性混合為一種。

如果我們將同一與絕對聯繫起來，將絕對作為一個命題的主詞，我們就得到：“絕對是自身同一之物”這一命題。無論這命題是如何的真，但它是否意味着它所包含的真理，卻是有疑問的，因此至少這命題的表達方式是不完滿的。因為我們不能明確決定它所意味的是抽象的知性同一，亦即與本質的其他規定相對立的同一，還是本身具體的同一。而具體的同一，我們將會看見，最初〔在本質階段〕是真正的根據，然後在較高的真理裏〔在概念階段〕，即是概念。況且絕對一詞除了常指抽象而言外，沒有別的意義。譬如絕對空間、絕對時間，其實不過指抽象空間、抽象時間罷了。

本質的各種規定或範疇如果被認作思想的重要範疇，則它們便成為一個假定在先的主詞的謂詞，因為這些謂詞的重要性，這主詞就包含一切。這樣產生的命題也就被宣稱為有普遍性的思維規律。於是同一律便被表述為“一切東西和它自身同一”；或“甲是甲”。否定的說法：“甲不能同時為甲與非甲”。這種命題並非真正的思維規律，而只是抽象理智的規律。這個命題的形式自身就陷於矛盾，因為一個命題總須得說出主詞與謂詞間的區別，然而這個命題就沒有作到它的形式所要求於它的。但是這一規律又特別為下列的一些所謂思維規律所揚棄，這些思維規律把同一律的反面認作規律。有人說，

如果思維活動只不過是一種抽象的同一，那末我們就不能不宣稱思維是一種最無益最無聊的工作。

同一律雖説不能加以證明，但每一意識皆依照此律而進行，而且就經驗看來，每一意識只要對同一律有了認識，均可予以接受。但這種邏輯教本上的所謂經驗，卻與普遍的經驗是相反的。照普遍經驗看來，沒有意識按照同一律思維或想像，沒有人按照同一律説話，沒有任何種存在按照同一律存在。如果人們説話都遵照這種自命為真理的規律(星球是星球，磁力是磁力，精神是精神)，簡直應説是笨拙可笑。這才可算得普遍的經驗。只強調這種抽象規律的經院哲學，早已與它所熱心提倡的邏輯，在人類的健康常識和理性裏失掉信用了。

附釋：同一最初與我們前面所説的存在原是相同之物，但同一乃是通過揚棄存在的直接規定性而變成的，因此同一可以説是作為理想性的存在。對於同一的真正意義加以正確的了解，乃是異常重要之事。為達到這一目的，我們首先必須特別注意，不要把同一單純認作抽象的同一，認作排斥一切差別的同一。這是使得一切壞的哲學有別於那惟一值得稱為哲學的哲學的關鍵。……如果思維活動只不過是一種抽象的同一，那末我們就不能不宣稱思維是一種最無益最無聊的工作。概念以及理念，誠然和它們自身是同一的，但是，它們之所以同一，只由於它們同時包含有差別在自身內。

(2) 差別（Der Unterschied）

§116 〔"本質"包含"差別"〕

本質只是純同一和在自己本身內的假象，並且是自己和自己相聯繫的否定性，因而是自己對自己本身的排斥。因此本質主要地包含有差別的規定。

異在（Anderssein）在此處已不復是質的東西，也不復是規定性和限度，而是在本質內，在自身聯繫的本質內，所以否定性同時就作為聯繫、差別、設定的存在、中介的存在而出現。

……

§117 〔"直接的差別"（"多樣性"、"雜多"）〕

首先，差別是直接的差別或差異（die Verschiedenheit）。所謂差異〔或多樣性〕即不同的事物，按照它們的原樣，各自獨立，與他物發生關係後互不受影響，因而這關係對於雙方都是外在的……

§119 〔“本質的差別”（“對立”、“矛盾”）〕

差別自在地就是本質的差別，即肯定與否定兩方面的差別：肯定的一面是一種同一的自身聯繫，而不是否定的東西，否定的一面，是自為的差別物，而不是肯定的東西。因此每一方面之所以各有其自為的存在，只是由於它不是它的對方，同時每一方面都映現在它的對方內，只由於對方存在，它自己才存在。因此本質的差別即是“對立”。在對立中，有差別之物並不是一般的他物，而是與它正相反對的他物；這就是說，每一方只有在它與另一方的聯繫中才能獲得它自己的〔本質〕規定，此一方只有反映另一方，才能反映自己。另一方也是如此；所以，每一方都是它自己的對方的對方。

……

附釋二：代替抽象理智所建立的排中律，我們無寧可以說：一切都是相反的。事實上無論在天上或地上，無論在精神界或自然界，絕沒有像知性所堅持的那種“非此即彼”的抽象東西。無論甚麼可以說得上存在的東西，必定是具體的東西，因而包含有差別和對立於自己本身內的東西。事物的有限性即在於它們的直接的特定存在不符合它們的本身或本性。譬如在無機的自然界，酸本身同時即是鹽基，這就是說，酸的存在僅完全在於和它的對方相聯繫。因此酸也並不是靜止地停留在對立裏，而是在不斷地努力去實現它潛伏的本性。矛盾是推動整個世界的原則，說矛盾不可設想，那是可笑的。這句話的正確之處只在於說，我們不能停留在矛盾裏，矛盾會通過自己本身揚棄它自己。但這被揚棄的矛盾並不是抽象的同一，因為抽象的同一只是對立的一個方面。由對立而進展為矛盾的直接的結果就是根據，根據既包含同一又包含差別在自身內作為被揚棄了的東西，並把它們降低為單純觀念性的環節。

(3) 根據（Grund）

§121 〔"根據"是"同一"與"差別"的統一〕

根據是同一與差別的統一，是同一與差別得出來的真理，自身反映正同樣反映對方，反過來說，反映對方也同樣反映自身。根據就是被設定為全體的本質。

〔說明〕根據的規律③是這樣說的：某物的存在，

根據之所以是根據，只是因為有根據予以證明。

必有其充分的根據，這就是說，某物的真正本質，不在於說某物是自身同一或異於對方，也不僅在於說某物是肯定的或否定的，而在於表明一物的存在即在他物之內，這個他物即是與它自身同一的，即是它的本質。這本質也同樣不是抽象的自身反映，而是反映他物。根據就是內在存在着的本質，而本質實質上即是根據。根據之所以為根據，即由於它是某物或一個他物的根據。

附釋：當我們說根據應該是同一與差別的統一時，必須了解這裏所謂統一並不是抽象的同一，因為否則，我們就只換了一個名字，而仍然想到那業已認作不真的理智的抽象同一。為了避免這種誤解，我們也可以說，根據不僅是同一與差別的統一，而且甚至是異於同一與差別的東西。這樣，本來想要揚棄矛盾的根據好像又發生了一種新的矛盾。但即就根據作為一種矛盾來說，它並非靜止地堅持其自身的矛盾，毋寧要力求排除矛盾於自身之外。根據之所以是根據，只是因為有根據予以證明。但由根據所證明的結果即是根據本身。這就是根據的形式主義之所在。根據和根據所證明的東西乃是同一的內容，兩者的區別僅是單純的自我關係和中介性或被設定的存在的形式區別。當我們追問事物的根據時，我們總是採取上面所提到過的（參

看 § 112 附釋) 反思的觀點。我們總想同時看見事物的雙方面，一方面要看見它的直接性，一方面又要看見它的根據，在這裏根據已不復是直接的了。這也就是所謂充足理由律的簡單意義，這一思維規律宣稱事物本質上必須認作是中介性的。形式邏輯在闡明這條思維規律時，卻對於別的科學提出一個壞的榜樣。因為形式邏輯要求別的科學〔須說出根據〕，不要直接以自己的內容為可靠，但它自己卻提出一個未經推演、未經說明其中介過程或根據的思維規律。如果邏輯家有權利說，我們的思維能力碰巧有這樣的性質，即我們對於一切事物必須追問一個根據，那末，一個醫學家答覆為甚麼人落入水中就會淹死的問題時，也同樣有權利說，人的身體碰巧是那樣構成的，他不能在水中生活，或者一位法學家答覆為甚麼一個犯法的人須受處罰時，他同樣有權利說，市民社會碰巧是那樣組成的，犯罪的人不可以不處罰。

……

B. 現象(Die Erscheinung)

§131 〔“現象”是“本質”的表現〕

本質必定要表現出來。本質的映現(Scheinen)於自身內是揚棄其自身而成為一種直接性的過程。此種直接性，就其為自身反映而言為持存、為質料，就其為反映他物，自己揚棄其持存而言為形式。顯現或映現是本質之所以是本質而不是存在的特性。發展了的映現就是現象。因此本質不在現象之後，或現象之外，而即由於本質是實際存在的東西，實際存在就是現象。

附釋：……

現象當然是邏輯理念的一個很重要的階段。我們可以說哲學與普通意識的區別，就在於哲學能把普通意識以為是獨立自存之物，看出來僅是現象。問題在於我們必須正確地理解現象的意義，以免陷於錯誤。譬如，當我們說某物只是現象時，也許會被誤解為，與單純的現象比較，那直接的或存在着的東西，好像要高一級似的。事實上恰與此相反，現象較之當前的單純存在反而要高一級。現象是存在的真理，是比存在更為豐富的範疇，因為現象包括自身反映和反映他物兩方面在內，反之，存在或直接性只是片面的沒有聯繫的，並且似乎只是單純地依靠自身。再則，說某物只是現象，總暗示着那物有某種缺點，其缺點即在於現象自身有了分裂或矛盾，使得他沒有內在穩定性。比單純現象較高一級的範疇就是現實（Wirklichkeit），現實就是本質範圍內第三階段的範疇，稍後即將予以討論。

C. 現實（Die Wirklichkeit）

§142 〔"現實"是"本質"與"現象"的統一〕

現實是本質與實存或內與外所直接形成的統一。現實事物的表現就是現實事物本身。所以現實事物在它的表現裏仍同樣還是本質性的東西。也可以說，只有當它有了直接的外部的實存時，現實事物才是本質性的東西。

〔說明〕前面，存在和實存曾出現為直接事物的兩個形式。存在一般講來，是沒有經過反思的直接性，並且是轉向對方的過渡。實存是存在和反思的直接統一，因此實存即是現象，它出於根據，並回

現實與思想……常常很可笑地被認作彼此對立。

到根據。現實事物是上述那種直接統一的設定存在，是達到了自身同一的關係；因此，它得免於過渡，並且它的表現或外在性即是它的內蘊力；在它的外在性裏，它已返回到自己；它的定在只是它自己本身的表現，而非他物的表現。

附釋：現實與思想（或確切點説理念）常常很可笑地被認作彼此對立。我們時常聽見人説，對於某種思想的真理性和正確性誠然無可反對，但在現實裏卻找不着，或者再也無法在現實裏得到實現。説這樣的話的人，只表明他們既不了解思想的性質，也沒有適當地了解現實的性質。因為這種説法，一方面認為思想與主觀觀念、計劃、意向等類似的東西同義，另一方面又認為現實與外在的感性存在同義。在日常生活裏，我們對於範疇及範疇所表示的意義，並不那麼準確認真看待，也許勉強可以這樣説，也許常有這樣的情形發生，譬如説，某項計劃或某種徵税方法的觀念本身雖然很好、也很適用，但這類東西在所謂現實裏卻找不到，而且在某些特定條件下，也難以實現。但抽象理智一抓住這些範疇，就誇大現實與思想的差別，認為兩者之間有了固定不移的對立，因而説：在這現實世界裏，我們必須從我們的頭腦裏排除掉觀念。對於這種看法，我們必須用科學和健康理性的名義斷然的予以駁斥。因為一方面觀念或理念並不是僅藏匿在我們的頭腦裏，理念一般也並不是那樣薄弱無力以致其自身的實現與否，都須依賴人的意願。反之，理念乃是完全能起作用的，並且是完全現實的。另一方面現實也並不是那樣地污濁、不合理，有如那些盲目的、頭腦簡單的、厭恨思想的實行家所想像的那樣。現實就其有別於僅僅的現象，並首先作為內外的統一而言，它並不居於與理性對立的地位，毋寧說是徹頭徹尾地合理的。任何不合理的事物，即因其不合理，便不得認作現實。在一般有教養的語言習慣裏，我們也可察出與此種看法相符合的說法，譬如對於那沒有作出真正顯示才智的貢獻和紮實的業績的詩人或政治家，人們大都拒絕承認他是真實的詩人或真實的政治家。

……

〔本質論中最後的範疇“相互作用”已到達概念論的“門口”〕

§155 〔“相互作用”的第一個特點：因與果的統一〕

在相互作用(die Wechselwirkung)裏，被堅持為有區別的因果範疇，(α)自在地都是同樣的；其一方面是原因，是原始的、主動的、被動的等等，其另一方面也同樣如此。同樣，以對方為前提與以對方為所起作用的後果，直接的原始性與由相互作用而設定的依賴性，也是一樣的東西。那以為是最初的第一的原因，由於它的直接性的緣故，也是一被動的，設定的存在，也是一效果。因此，所謂兩個原因的區別乃是空虛的。而且原因自在地只有一個，這一個原因既在它的效果裏揚棄自己的實體性，同樣又在這效果裏，它才使自己成為獨立的原因。

§156 〔“相互作用”的第二個特點：“相互作用”已“站在概念的門口”〕

(β)但上述這種因果統一性，也是獨立自為的。因為這整個相互作用就是原因自己本身的設定，而且只有原因的這種設定，才是原因的存在。區別的虛無性並不只是潛在的或者只是我們的反思（見前一節）。而且相互關係本身就在於：將每一被設定起來的規定又再加以揚棄，使之轉化為相反的規定，因而把諸環節的潛在的空虛性都設定起來了。在原始性裏被設定有效果，這就是說，原始性被揚棄了；原因的作用變成反作用了，等等。

附釋：相互作用被設定為因果關係的充分的發展，同時也表明那抽象反思常利用來作護符的因果關係，也有其不滿足之處，因為反思習於從因果律的觀點來觀察事物，因而陷於上面所說的無窮遞進。譬如，在歷史研究裏，首先便可發生這樣的問題：究竟一個民族的性格和禮俗是它的憲章和法律的原因呢，或者反過來說，一個民族的憲章和法律是它的性格和禮俗的原因呢？於是我們可以進一步說，兩者，一方面民族性或禮俗，一方面憲章和法律，均可依據相互的聯繫的原則去了解。這樣一來，原因即因其在這一聯繫裏是原因，所以同時是效果，效果即因其在這一聯繫裏是效果，所以同時是原因。同樣的觀點，可以適用於自然研究，特別適用於有生命的有機體的研究。有機體的每一個別官能和功能皆可表明為同樣地處於彼此有相互影響

區別的虛無性並不只是潛在的
或者只是我們的反思。

的關係中。相互作用無疑地是由因果關係直接發展出來的真理，也可說是它正站在概念的門口。但也正因為如此，為了要獲得概念式的認識，我們卻不應滿足於相互關係的應用。假如我們對於某一內容，只依據相互關係的觀點去考察，那麼事實上這是採取了一個完全沒有概念的態度。我們所得到的僅是一堆枯燥的事實，而對於為了應用因果關係去處理事實所首先要求的中介性知識，仍然得不到滿足。如果我們仔細觀察應用相互作用一範疇所以不能令人滿足的緣故就可見到，相互關係不但不等於概念，而且它本身首先必須得到概念的理解。這就是說，相互關係中的兩個方面不可讓它們作為直接給予的東西，而必須如前面兩節所指出那樣，確認它們為一較高的第三者的兩個環節，而這較高的第三者即是概念。例如，認斯巴達民族的風俗為斯巴達制度的結果，或者反過來，認斯巴達的制度為他們的風俗的結果，這種看法當然是不錯的。不過這種看法不能予人以最後的滿足，因為事實上，這種看法對於斯巴達民族的風俗和制度並沒有概念式的理解。而這樣的理解只在於指出這兩個方面以及一切其他足以表現斯巴達民族的生活和歷史的特殊方面，都是以斯巴達民族的概念為基礎。

§157 〔“相互作用”的第三個特點：“顯露出來的必然性”〕

（γ）這種自己與自己本身的純粹交替，因此就是顯露出來的或設定起來的必然性。必然性本身的紐帶就是同一性，不過還只是內在的和隱蔽的同一性罷了。因為必然性是被認為現實事物的同一性，而這些現實事物的獨立性卻正應是必然性。因此實體通過因果關係和相互作用的發展途程，只是這樣一個設定：即獨立性是一種無限的否定的自身聯繫，一般說來，所謂否定的聯繫，是說在這種聯繫裏，區別和中介成為一種與各個獨立的現實事物彼此相獨立的原始性，其所以說是無限的自身聯繫，是因為各現實事物的獨立性也只是它們的同一性。

§158 〔必然性的真理是自由〕

因此必然性的真理就是自由，而實體的真理就是概念——這是一種獨立性概念，其獨立性，在於自己排斥自己使成為有區別的獨立物，而自己作為這種自身排斥卻與自身相同一，並且，這種始終在自己本身之內進行的交替運動，只是與自己本身相關聯。

附釋：必然性常被稱作堅硬的，單就必然性的本身，或就必然性的直接形態而言，這話誠然不錯。這裏我們有一種情況，或一般講來，一種內容，具有一種獨立自存性。必然性首先包含着這樣的意思：即一個對象或內容驟然遭遇着某種別的東西的阻礙，使得它受到限制，而失掉其獨立自存性。這就是直接的或抽象的必然性所包含的堅硬的和悲慘的東西。在必然性裏表現為互相束縛，喪失獨立性的兩方面，雖有同一性，但最初也只是內在的，還沒有出現在那受必然性支配的事物裏。所以從這種觀點看來，自由最初也只是抽象的，而這種抽象的自由也只有通過放棄自己當前的存在情況和所保有的東西，才可得到拯救。此外我們前此已見到，必然性發展的過程是採取克服它最初出現的僵硬外在性，而逐漸顯示它的內在本質的方式。由此便可表明那彼此互相束縛的兩方，事實上並非彼此陌生的，而只是一個全體中不同的環節。而每一環節與對方發生聯繫，正所以回復到它自己本身和自己與自己相結合。這就是由必然性轉化到自由的過程，而這種自由並不單純是抽象的否定性的自由，而反倒是一種具體的積極的自由。由此也可看出，認自由與必然為彼此互相排斥的看法，是如何地錯誤了。無疑地，必然作為必然還不是自由；但是自由以必然為前提，包含必然性在自身內，作為被揚棄了的東西。一個有德行的人自己意識着他的行為內容的必然性和自在自為的義務性。由於這樣，他不但不感到他的自由受到了妨害，甚且可以說，正由於有了這種必然性與義務性的意識，他才首先達到真正的內容充實的自由，有別於從剛愎任性而來的空無內容的和單純可能性的自由。一個罪犯受到處罰，他可以認為他所受的懲罰限制了他的自由。但事實上，那加給他的懲罰並不是一種外在的異己的暴力，而只是他自己的行為自身的一種表現。只要他能夠認識這點，他就會把自己當作一個自由人去對待這事。一般講來，當一個人自己知道他是完全為絕對理念所決定時，他便達到了人的最高的獨立性。斯賓諾莎所謂對神的理智的愛（amor intellectualis Dei）也就是指這種心境和行為而言。

§159 〔從存在論和本質論到概念論的過渡〕

這樣一來，概念就是存在與本質的真理，因為返回到自己本身的映現（Scheinen），同時即是獨立的直接性，而不同的現實性的這種存在，直接地就只是一種在自己本身內的映現。

〔說明〕概念曾經證明其為存在和本質的真理，而存在和本質兩者在概念裏就像返回到它們的根據

當一個人自己知道他是完全為絕對理念所決定時，他便達到了人的最高的獨立性。

那樣，反過來說，則概念曾從存在中發展出來，也就像從它自己的根據中發展出來那樣。前一方面的進展可以看成是存在深入於它自己本身，通過這一進展過程而揭示它的內在本性。後一方面的進展可以看成是比較完滿的東西從不甚完滿的東西展現出來。由於只是從後一方面來看這樣的發展過程，所以就會引起人們對於哲學的責難。這裏關於不甚完滿與比較完滿的膚淺思想，其較確切的內容即在於指出作為與其自身直接統一的存在與作為與其自身自由中介的概念之間的區別。由於存在既經表明自己是概念的一個環節，則概念也因此證明了自己是存在的真理。概念，作為它的自身返回和中介性的揚棄，便是直接的東西的前提，這一前提與返回到自身是同一的，而這種同一性便構成自由和概念。因此，如果概念的環節可叫做不完滿的，則概念本身便可說是完滿的，當然也可以說，概念是從不完滿的東西發展出來的，因為概念本質上即在於揚棄它的前提。但是也惟有概念設定它自身，同時也設定它的前提，正如在討論因果關係時一般地指出，而在討論相互關係時確切地所明白指出那樣。

　　這樣，就概念與存在和本質的聯繫來說，可以對概念作出這樣的規定，即：概念是返回到作為簡單直接的存在那種的本質，因此這種本質的映現便有了現實性，而這本質的現實性同時即是一種在自己本身內的自由映現。在這種方式下，概念便把存在作為它對它自己的簡單的聯繫，或者作為它在自己本身內統一的直接性。存在是如此貧乏的一個範疇，以至可以說，它是最不能揭示概念中所包含的內容。

由必然到自由或由現實到概念的過渡是最艱苦的過程，因為獨立的現實應當被理解為在過渡到別的獨立現實的過程中並且在它與別的獨立現實的同一性中，才具有它的一切實體性。這樣一來，概念也就是最堅硬的東西了，因為概念本身正是這種同一性。但是那現實的實體本身，那在它的自為存在中不容許任何事物滲入的"原因"，即已經受了必然性或命運的支配，並且必定要過渡到被設定的存在。而這種受必然性或命運的支配，才應說是最堅硬的事實。反之，對必然性加以思維，也就是對上述最堅硬的必然性的消解。因為思維就是在他物中自己與自己結合在一起。思維就是一種解放，而這種解放並不是逃避到抽象中去，而是指一個現實事物通過必然性的力量與別的現實事物聯結在一起，但又不把這別的現實事物當成異己的他物，而是把它當成自己固有的存在和自己設定起來的東西。這種解放，就其是自為存在着的主體而言，便叫做

思維就是一種解放，而這種解放
並不是逃避到抽象中去。

我；就其發展成一全體而言，便叫做自由精神；就其為純潔的情感而言，便叫做愛；就其為高尚的享受而言，便叫做幸福——斯賓諾莎關於實體的偉大直觀只是對於有限的自為存在的自在的解放；但是只有概念本身才自為地是必然性的力量和現實的自由。

……

① "定在"指存在於特定的地方、時間，有特定的質和量的特定存在，一般譯作"定在"。"實存"指有根據的存在或實際存在，簡稱"實存"。——譯者

② 規定（Bestimmung）有時也譯作"範疇"。在這裏英譯本即作範疇。我們考慮仍以緊跟原文直譯成"規定"較好。——譯者

③ Der Grund，根據，一般也譯作理由。這裏所說的"根據的規律"一般叫做"充足理由律。"——譯者

第3篇

概念論
(Die Lehre vom Begriff)

§160 〔概念是自由自決的力量〕

概念是自由的原則，是獨立存在着的實體性的力量。概念又是一個全體，這全體中的每一環節都是構成概念的一個整體，而且被設定和概念有不可分離的統一性。所以概念在它的自身同一裏是自在自為地規定了的東西。

附釋：概念的觀點一般講來就是絕對唯心論的觀點。哲學是概念性的認識，因為哲學把別的意識當作存在着的並直接地獨立自存的事物，卻只認為是構成概念的一個理想性的環節。在“知性邏輯”(Verstandeslogik)裏，概念常被認作思維的一個單純的形式，甚或認作一種普通的表象。為情感和心情辯護的立場出發所常常重複説的：“概念是死的、空的、抽象的東西”這一類的話，大概都是指這種低視概念的看法而言。其實正與此相反，概念才是一切生命的原則，因而同時也是完全具體的東西。概念的這種性質是從前此的整個邏輯運動發展而來的，因而這裏用不着先予以證明。至於剛才提到的以各概念只是形式的那種想法，是由於固執內容與形式的對立，而這種對立已經和反思所堅持的一些別的對立範疇，全都得到辯證地克服了，亦即通過它們自身矛盾發展的過程得到克服了。換言之，正是概念把前此一切思維範疇都曾加以揚棄並包含在自身之內了。概念無疑地是形式，但必須認為是無限的有創造性的形式，它包含一切充實的內容在自身內，並同時又不為內容所限制或束縛。同樣，如果人們所了解的具體是指感覺中的具體事物或一般直接的可感知的東西來說，那末，概念也可以說是抽象的。概念作為概念是不能用手去捉摸的，當我們在進行概念思維時，聽覺和視覺必定已經成為過去了。可是如前面所說，概念同時仍然是真正的具體東西。這是因為概念是"存在"與"本質"的統一，而且包含這兩個範圍中全部豐富的內容在自身之內。

假如我們像早已提過的那樣，把邏輯理念的各階段認作一系列的對於絕對的界說，那麼現在所得的界說應該是：*絕對*就是*概念*。這樣我們當然就必須把概念理解為另一較高的意義，異與知性邏輯所理解那樣，把概念僅只看成我們主觀思維中的、本身沒有內容的一種形式。……

§161 〔概念論中諸範疇的特性：“發展”〕

概念的進展既不復僅是過渡到他物，也不復僅是映現於他物內，而是一種發展。因為在概念裏那些區別開的東西，直接地同時被設定為彼此同一、並與全體同一的東西。而每一區別開的東西的規定性又被設定為整個概念的一個自由的存在。

附釋：過渡到他物是“存在”範圍內的辯證過程，映現在他物內是“本質”範圍內的辯證過程。反之，概念的運動就是發展，通過發展，只有潛伏在它本身中的東西才得到發揮和實現。在自然界中，只有有機的生命才相當於概念的階段。譬如一個植物便是從它的種子發展出來的。種子已包含整個植物在內，不過只是在理想的潛在的方式下。但我們卻不可因此便把植物的發展理解為：似乎植物不同的部分，如根幹枝葉等好像業已具體而微地、真實地存在於種子中了。這就是所謂“原形先蘊”的假設，其錯誤在於將最初只是在理想方式內的東西認作業已真實存在。反之，這個假設的正確之處在於這一點即概念在它的發展過程中仍保持其自身，而且就內容來說，通過這一過程，並未增加任何新的東西，但只是產生了一種形式的改變而已。概念的這種在過程中表示其自身為自我發展的本性，也就

種子已包含整個植物在內，
不過只是在理想的潛在的方式下。

是一般人心目中所說的先天觀念，或者即是柏拉圖所提出的，一切學習都是回憶的說法了。但這種說法的意思並不是指經過教育而形成的一切特定意識內容，前此就早已一一具體而微地預先存在於意識內。

……

§162 〔概念論的三個部分〕

關於概念的學說可分為三部分：(一)論主觀的或形式的概念。(二)論被認作直接性的概念或客觀性。(三)論理念，主體和客體、概念和客觀性的統一，絕對真理。

……

A. 主觀概念
（Der Subjektive Begriff）
(a) 概念本身
（Der Begriff als Solcher）

§163 〔“概念”的三個環節；具體概念與抽象概念的區別〕

概念本身包含下面三個環節：一、普遍性，這是指它在它的規定性裏和它自身有自由的等同性。二、特殊性、亦即規定性，在特殊性中，普遍性純粹不變地繼續和它自身相等同。三、個體性，這是指普遍與特殊兩種規定性返回到自身內。這種自身否定的統一性是自在自為的特定東西，並且同時是自身同一體或普遍的東西。

〔說明〕個體事物與現實事物是一樣的，只不過前者是從概念裏產生出來的，因而便被設定為普遍的東西，或自身否定的同一性。現實的事物，因為它最初只是存在和本質之潛在的或直接的統一，故能夠發生作用。但概念的個體性是純全起作用的東西，而且並不復像原因那樣帶有對另一事物產生作用的假象，而卻是對它自己起作用。但個體性不可以了解為只是直接的個體性，如我們所說個體事物或個人那樣。這種意義的個體性要在判斷裏才出現。概念的每一環節本身即是整個概念(§160)，但個體或主體，是被設定為全體的概念。

附釋一：一說到概念人們心目中總以為只是一抽象的普遍性，於是概念便常被界說為一個普遍的觀念。因此人們說顏色的概念，植物動物的概念等等。而概念的形成則被認為是由於排除足以區別各種顏色、植物、動物等等的特殊部分，而堅持其共同之點。這就是知性怎樣去了解的概念的方式。人們在情感上覺得這種概念是空疏的，把它們只認為抽象的格式和陰影，可以說是很對的。但概念的普遍性並非單純是一個與獨立自存的特殊事物相對立的共同的東西，而毋寧是不斷地在自己特殊化自己，在它的對方裏仍明晰不混地保持它自己本身的東西。無論是為了認識或為了實際行為起見，不要把真正的普遍性或共相與僅僅的共同之點混為一談，實極其重要。從情感的觀點出發的人常常對於一般思維，特別對於哲學思維所加的抨擊，以及他們所一再斷言的思維太遙遠、太空疏的危險性，都是由於這種混淆而引起的。

附釋二：關於知性邏輯所常討論的概念的來源和形成問題，尚須略說幾句，就是我們並不形成概念，並且一般說來，概念決不可認作有甚麼來源的東西。無疑地，概念並不僅是單純的存在或直接性。概念也包含有中介性。但這種中介性即在它自身之內，換言之，概念就是它自己通過自己並且自己和自己的中介。我們以為構成我們表象內容的那些對象首先存在，然後我們主觀的活動方隨之而起，通過前面所提及的抽象手續，並概括各種對象的共同之點而形成概念，這種想法是顛倒了的。反之，寧可說概念才是真正的在先的。事物之所以是事物，全憑內在於事物並顯示它自身於事物內的概念活動。這個思想出現在宗教意識裏，我們是這樣表達的：上帝從無之中創造了世界。或換句話說，世界和有限的事物是從神聖思想和神聖命令的圓滿性裏產生出來的。由此必須承認：思想，準確點說，概念，乃是無限的形式，或者說，自由的、創造的活動，它無需通過外在的現存的質料來實現其自身。

§164 〔“概念”的具體性〕

概念是完全具體的東西。因為概念同它自身的否定的統一，作為自在自為的特定存在，這就是個體性，構成它〔概念〕的自身聯繫和普遍性。在這種

世界和有限的事物是從神聖思想
和神聖命令的圓滿性裏產生出來的。

情形下，概念的各環節是不可分離的。那些反思的範疇總會被認為各個獨立有效，可以離開其對方而孤立地理解的；但由於在概念裏它們的同一性就確立起來了，因而概念的每一環節只有直接地自它的對方而來並和它的對方一起，才可以得到理解。

……

我們最常聽見的說法，無過於說，概念是某種抽象的東西。這話在一定範圍內是對的，一方面是因為概念指一般的思想，而不以經驗中具體的感官材料為要素，一方面是因為概念還不是理念。在這種意義下，主觀的概念還是形式的。但這也並不是說，概念好像應該接受或具有它自身以外的內容。就概念作為絕對形式而言，它是一切規定性，但概念卻是這些規定性的真理。因此，概念雖說是抽象的，但它卻是具體的，甚至是完全具體的東西，是主體本身。絕對具體的東西就是精神(參看§159末段)。就概念作為概念而實存着來說，它自己區別其自身於客觀性，客觀性雖異於概念，但仍保持其為概念的客觀性。一切別的具體事物，無論如何豐富，都沒有概念那樣內在的自身同一，因而其本身也不如概念那樣具體。至於我們通常所了解的具體事物，乃是一堆外在地拼湊在一起的雜多性，更是與概念的具體性不相同，至於一般人所說的概念，誠然是特定的概念，例如人，房子、動物等等，只是單純的規定和抽象的觀念。這是一些抽象的東西，它們從概念中只採取普遍性一成分，而將特殊性，個體性丟掉，因而並不是從特殊性、個體性發展而來，而是從概念裏抽象出來的。

(b) 判斷（Das Urteil）

§166 〔"判斷"是"概念"自身的特殊化〕

判斷是概念在它的特殊性中。判斷是對概念的各環節予以區別，由區別而予以聯繫。在判斷裏，概念的各環節被設定為獨立的環節，它們同時和自身同一而不和別的環節同一。

〔說明〕通常我們一提到判斷，就首先想到判斷中的兩極端，主詞與謂詞的獨立性，以為主詞是一實物，或獨立的規定，同樣以為謂詞是一普遍的規定，在那主詞之外，好像是在我們腦子裏面似的。於是我們便把主詞與謂詞聯接起來而下一判斷。由於那聯繫字"是"字，卻說出了謂詞屬於那主詞，因而那外在的主觀的聯屬便又被揚棄了，而判斷便被認作對象的自身規定了。在德文裏判斷(Urteil)有較深的字源學意義。判斷表示概念的統一性是原始的，而概念的區別或特殊性則是對原始的東西予以分割。這的確足以表示判斷的真義。

抽象的判斷可用這樣的命題表示："個體的即是普遍的"。個體與普遍就代表主詞與謂詞最初彼此對立的兩個規定，由於概念的各環節被認作直接的規定性或初次的抽象。(又如"個體的即是特殊的"和"特殊的即是普遍的"等命題，則屬於對判斷更進一步的規定。)最值得驚異的缺乏觀察力之處，即在許多邏輯書本裏並未指出這樣一件事實：即在每一判斷中都說出了這樣的命題：如"個體是普遍"，或者更確切點說："主詞是謂詞"(例如，上帝是絕對精神)。無疑地，個體性與普遍性，主詞與謂詞等規定之間也有區別，但並不因此而影響一件極為普遍的事實：即每一判斷都把它們表述成同一的。

那聯繫字"是"字是從概念的本性裏產生出來的，因為概念具有在它的外在化裏與它自己同一的本性。個體性和普遍性作為概念的環節，是不可能彼此孤立的兩種規定性。前面所討論到的反思的規定性，在它們的相互關係中也彼此有互相聯繫，但它們的關係只是"有"的關係，不是"是"的關係，這就是說，不是一種明白建立起來的同一性或普遍性。所以，判斷才是概念的真正的特殊性，因為判斷是概念的區別或規定性的表述，但這種區別仍然能保持其普遍性。

……

§171 〔“判斷”分類的原則〕

主詞、謂詞和特定內容或主客的同一之間的關係所形成的判斷裏，最初仍然是被設定為相異的，或彼此相外的。但就本質上說，亦即按照概念的觀點來看，它們是同一的。由於主詞是一具體的全體，這就是說，主詞不是任何某種不確定的雜多性，而只是個體性，即特殊性與普遍性在同一性中。同樣，謂詞也是這樣的統一性（§170）。再則設定主詞與謂詞的同一性的聯繫字，最初也只是用一個抽象的“是”字去表述。依這種同一性看來，主詞也須設定具有謂詞的特性，從而謂詞也獲得了主詞的特性，而聯繫字“是”也就充分發揮其效能了。這就是判斷通過內容充實的聯繫字而進展到推論的過程。判斷的進展最初只是對那抽象的感性的普遍性加以全、類、種等等規定，更進而發展到概念式的普遍性。

……

附釋：……

各種不同的判斷不能看作羅列在同一水平，具有同等價值，毋寧須把它們認作是構成一種階段性的次序，而各種判斷的區別則是建築在謂詞的邏輯意義上的。至於判斷具有價值的區別，甚至在通常意識裏也一直可以找到。譬如，對於一個常常喜歡提出"這牆是綠色的"，"這火爐是熱的"一類判斷的人，我們決不遲疑地說他的判斷力異常薄弱。反之，一個人所下的判斷多涉及某一藝術品是否美，某一行為是否善等等問題，則我們就會說他真正地知道如何去下判斷。對於剛才所提到的第一種判斷，其內容只形成一種抽象的質，要決定它是否有這質，只須有直接的知覺即可足用。反之，要說出一件藝術品是否美，一個行為是否善，就須把所說的對象和它們應該是甚麼樣的情況相比較，換言之，即須和它們的概念相比較。

(c) 推論（Der Schluss）

§181 〔“推論”是“概念”與“判斷”的統一〕

推論是概念和判斷的統一。推論是判斷的形式差別已經返回到簡單同一性的概念。推論是判斷，因為同時它在實在性中，亦即在它的諸規定的差別中，被設定起來了。推論是合理的，而且一切事物都是合理的。

……

C. 理念（Die Idee）

§213 〔“理念”是具體真理，其內容包括以前的全部範疇〕

理念是自在自為的真理，是概念和客觀性的絕對統一。理念的理想的內容不是別的，只是概念和概念的諸規定；理念的實際的內容只是概念自己的表述，像概念在外部的定在的形式裏所表現的那樣。而且概念還包括這種外部形態於它的理想性中，使它受自己的支配，從而保持它自身於其中。

〔說明〕“絕對就是理念”這一界說，本身即是絕對的。前此的一切界說，都要歸結到這一界說。理念就是真理；因為真理即是客觀性與概念相符合。這並不是指外界事物符合我的觀念。因為我的觀念只不過是，我這個人所具有的不錯的觀念罷了。理念所處理的對象並不是個人，也不是主觀觀念，也不是外界事物。但是一切現實的事物，只要它們是真的，也就是理念。而且一切現實事物之所以具有真理性，都只是通過理念並依據理念的力量。個體的存在只是理念的某一方面，因此它還需要別的現實性，而這些現實性，同樣也好像特別地有它們的獨立存在似的。只有在現實事物的總合中和在它們的相互聯繫中概念才會實現。那孤立的個體事物是不符合它自己的概念的；它的特定存在的這種局限性構成它的有限性並且導向它的毀滅。

……

附釋：人們最初把真理了解為：我知道某物是如何存在的。不過這只是與意識相聯繫的真理，或者只是形式的真理，只是“不錯”罷了。按照較深的意義來說，真理就在於客觀性和概念的同一。譬如，當我們說到一個真的國家或一件真的藝術品，都是指這種較深意義的真理而言。這些對象是真的，如果它們是它們所應是的那樣，即它們的實在性符合於它們的概念。照這樣看來，所謂不真的東西也就是在另外情況下叫做壞的東西。壞人就是不真的人，就是其行為與他的概念或他的使命不相符合的人。然而完全沒有概念和實在性的同一的東西，就不可能有任何存在。甚至壞的和不真的東西之所以存在也還是因為它們的某些方面多少符合於它們的概念。那徹底的壞東西或與概念相矛盾的東西，因此即是自己走向毀滅的東西。惟有概念才是世界上的事物之所以保持其存在的原則，或者用宗教上的語言來說，事物之所以是事物僅由於內在於事物的神聖的思想，因而亦即創造的思想有以使然。

……要求為"理念就是真理"這一命題尋求證明，並不須等待到現在才提出來的；前此全部思維的一切發揮和發展，都包含着對這一命題的證明。理念就是這全部過程的進展的成果。這並不是說理念似乎只是一個通過自身以外的他物而發展出來的中介性的東西。反之，理念乃是它自己發展的成果，因為如此，它既是直接的，又是經過中介的。前面所考察過的存在和本質以及概念和客觀性這些階段，它們的這種差別，並不是固定的，也不是以

壞人就是不真的人，
就是其行為與他的概念
或他的使命不相符合的人。

自身為基礎的東西，而是證明其自身為辯證的，並且它們的真理只在於它們是理念的各個環節。

§214 〔"理念"是各種對立面的統一〕

理念可以理解為理性(即哲學上真正意義的理性)，也可以理解為主體——客體；觀念與實在，有限與無限，靈魂與肉體的統一；可以理解為具有現實性於其自身的可能性；或其本性只能設想為存在着的東西等等。因為理念包含有知性的一切關係在內，但是包含這些關係於它們的無限回復和自身同一之中。

〔說明〕知性很不費力就可以指出一切關於理念所說的話都是自相矛盾的。但這種指斥是可以予以同樣的回擊的，甚或可以說，在理念裏已經實際上予以回擊了。而這種回擊的工作就是理性的工作，當然不像知性的工作那樣容易。知性當然可以舉出種種理由來證明理念是自相矛盾的，因為譬如說：主觀的僅僅是主觀的，老是有一個客觀的東西和它相對立，存在與概念完全是兩回事，因而不能從概念中推山存在來。同樣有限的僅僅是有限的，正好是無限的東西的對立面，因而兩者不是同一的。對於其他一切規定也都是這樣。但是邏輯學所推出的毋寧正是上述說法的反面，即：凡僅僅是主觀的主觀性，僅僅是有限的有限性，僅僅是無限的無限性以及類似的東西，都沒有真理性，都自相矛盾，都會過渡到自己的反面。因此在這種過渡過程中和在兩極端之被揚棄成為假相或環節的統一性中，理念便啟示其自身作為它們的真理。

用知性的方式去了解理念，就會陷於雙重的誤會。第一、它不是把理念的兩極端（叫做兩極端也好，無論怎樣說，只要了解它們是在統一中就行），正當地了解為具體的統一，而是把它們了解為統一以外的抽象的東西。即使它們的關係得到明白的表述，知性也仍然會誤解這種關係。譬如，知性甚至忽視了判斷中的聯繫詞的性質，這聯繫詞表明個體即是主體，又同樣不是個體，而是共體。但是，第二、知性總以為它的反思——即認那自身同一的理念包含着對它自己的否定或包含着矛盾——僅是一外在的反思，而不包含在理念自身之內。但事實上這種反思也並非知性特有的智慧，而是理念自身就是辯證法，在這種辯證過程裏，理念永遠在那裏區別並分離開同一與差別、主體與客體、有限與無限、靈魂與肉體，只有這樣，理念才是永恆的創造，永恆的生命和永恆的精神。但當理念過渡其自身或轉化其自身為抽象的理智時，它同樣也是永恆

只有這樣，理念才是永恆的創造，
永恆的生命和永恆的精神。

的理性。理念是辯證法，這辯證法重新理解到這些理智的東西、差異的東西，它自己的有限的本性，並理解到它的種種產物的獨立性只是虛假的假相，而且使得這些理智的、差異的東西回歸到統一。這種雙重的運動既不是時間性的，也不是在任何方式下分離了的和區別開的，否則它又會只是抽象的理智作用，而不是辯證發展，所以理念即是在他物中對自身的永恆直觀；亦即曾經實現其自身於它的客觀性內的概念，亦即具有內在的目的性和本質的主觀性的客體。

……

§215 〔“理念”是一過程〕

理念本質上是一個過程，因為只是就理念的同一性是概念的絕對的和自由的同一性來說，只是就理念是絕對的否定性來說，因此也只是就理念是辯證的來說，〔它才是個過程〕。理念的運動過程是這樣的：即概念作為普遍性，而這普遍性也是個體性特殊化其自己為客觀性，並和普遍性相對立，而這種以概念為其實體的外在性通過其自身內在的辯證法返回到主觀性。

〔說明〕因為理念(a)是一過程，所以通常用來表述絕對的一些說法：謂絕對為有限與無限的統一，為思維與存在的統一等等都是錯誤的。因為這種統一僅表示一種抽象的、靜止的、固定的同一性。因為理念(b)是主觀性，從另一方面看來，上面那個說法也同樣是錯誤的。因為剛才所提及的統一，僅表達真正的統一的自在性、實體性。按照這種看法，無限與有限，主觀與客觀，思維與存在，好像只是中和了似的。但是在理念的否定的統一裏，無限統攝了有限，思維統攝了存在，主觀性統攝了客觀性。理念的統一是思維、主觀性和無限性，因此本質上須與作為實體的理念相區別，正如這統攝着對方的思維、主觀性、無限性必須與那由判斷着、規定着自身的過程中被降低成片面的思維、片面的主觀性、片面的無限性相區別。

附釋：理念作為過程，它的發展經歷了三個階段。理念的第一個形式為生命，亦即在直接性形式下的理念。理念的第二個形式為中介性或差別性的形式，這就是作為認識的理念，這種認識又表現為理論的理念與實踐的理念這雙重形態。認識的過程以恢復那經過區別而豐富了的統一為其結果。由此就得出理念的第三個形式，即絕對理念。這就是邏輯發展過程的最末一個階段，同時又表明其自身為真正的最初，並且只是通過自己本身而存在着。

(b) 認識
(Das Erkennen)

§225 〔“認識”是揚棄主客對立的過程，它包括“認識”和“意志”〕

這種過程概括説來就是認識。在認識過程的單一活動裏，主觀性的片面性與客觀性的片面性之間的對立，自在地都被揚棄了。但是這種對立最初只是自在地被揚棄了。因此，認識過程的本身便直接染有這個範圍的有限性，而分裂成理性衝力的兩重運動，被設定為兩個不同的運動。認識的過程一方面由於接受了存在着的世界，使進入自身內，進入主觀的表象和思想內，從而揚棄了理念的片面的主觀性，並把這種真實有效的客觀性當作它的內容，借以充實它自身的抽象確定性。另一方面，認識過程揚棄了客觀世界的片面性，反過來，它又將客觀世界僅當作一假象，僅當作一堆偶然的事實、虛幻的形態的聚集。它並且憑借主觀的內在本性，(這本性現在被當作真實存在着的客觀性) 以規定並改造這聚集體。前者就是認知真理的衝力，亦即認識活動本身——理念的理論活動。後者就是實現善的衝力，亦即意志或理念的實踐活動。

(1)認識
(Das Erkennen)

§226 〔“認識”（“理論活動”）的意義〕

認識的普遍有限性，即存在於一個判斷中，存在於對立面的前提裏（§224）的有限性，對於這種前提，認識活動的本身便包含有對它的否定。認識的這種有限性更確切地規定其自身於它自己的理念內。這種規定過程，使得認識的兩個方面取得彼此不同的形式。因為這兩個方面都是完整的，於是它們彼此便成為反思的關係，而不是概念的關係。因此將材料當作外界給予的予以同化，好像是接受那材料使它進入於同時外在於它的範疇，這些範疇同樣顯得是彼此各不相同的。這種認識過程實即是作為知性而活動的理性。因此這種認識過程所達到的真理，也同樣只是有限的。而概念階段的無限真理只是一自在存在着的目的，遠在彼岸非認識所能達到。但即在認識的這種外在的活動裏，它仍然受概念的指導，而概念的原則則構成認識進展的內在線索。

附釋：認識的有限性在於事先假定了一個業已先在的世界，於是認識的主體就顯得是一張白紙（tabula rasa）。有人說這種看法係出自亞里士多德，

認識的有限性在於事先假定了一個業已先在的世界，於是認識的主體就顯得是一張白紙。

但其實除亞里士多德外沒有人更遠離這種對於認識的外在看法了。這種認識方式自身還沒有意識到它是概念的活動，換言之，概念的活動在這種外在的認識過程裏只是自在的，還不是自為的。一般人總以為這種認識過程是被動的，但事實上卻是主動的。

(2) 意志
(Die Wille)

§233 〔"意志"的意義〕

主觀的理念，作為獨立自決的東西和簡單的自身一致的內容，就是善。由於善有了實現自身的衝力，它的關係與真理的理念便恰好相反，所以善趨向於決定當前的世界，使其符合於自己的目的。這個意志一方面具有藐視那假定在先的客體的確信。但另一方面，作為有限的東西，它又同時以善的目的只是主觀的理念並且以客體的獨立性為前提。

§234 〔“意志”的有限性〕

意志活動的有限性因此是一種矛盾：即在客觀世界的自相矛盾諸規定裏，那善的目的既是實現了的，也是還沒有實現的，既是被設定為非主要的，又同樣是主要的，既是現實的，同時又僅是可能的。這種矛盾就被表象為善的實現的無限遞進，而在這種過程裏，善便被執着為僅僅是一種應當。但是就形式看來，這種矛盾的消除，即包含有意志的活動揚棄了目的的主觀性，從而即揚棄了客觀性，並揚棄了使得兩者皆成為有限的那種對立；而且不僅揚棄了這一個主觀性的片面性，而且揚棄了一般的主觀性；(因為另一個這種新的主觀性，亦即一個新創造出來的對立，與前面的一個被認為是應當存在的主觀性，是沒有區別的。) 這種回歸到自身，同時即是內容對自身的回憶，這內容就是善與主客兩方面自在的同一性，亦即回憶到認識的理論態度的前提（§224），即：客體自身就是真的東西和實體性的東西。

附釋：理智的工作僅在於認識這世界是如此，反之，意志的努力即在於使得這世界成為應如此。那直接的、當前給予的東西對於意志說來，不能當作一固定不移的存在，但只能當作一假象，當作一

***那虛幻不實、倏忽即逝的東西
僅浮泛在表面，而不能
構成世界的真實本質。***

本身虛妄的東西。説到這裏。就出現了使抽象的道德觀點感到困惑的矛盾了。這個觀點就其實際聯繫説來，就是康德的哲學甚至還是費希特的哲學所採取的觀點。他們認為：善是應該得到實現的，我們必須努力以求善的實現，而意志只是自身實現着的善。但是，如果世界已是它應該那樣，則意志的活動將會停止。因此意志自身就要求它的目的還沒有得到實現。這樣便已經正確地説出意志的有限性了。但我們卻又不能老停留在這種有限性裏，因為意志的過程本身即是通過意志活動將有限性和有限性所包含的矛盾予以揚棄的過程。要達到這種和解，即在於意志在它的結果裏回歸到認識所假定的前提，換言之，回歸到理論的理念和實踐的理念的統一。意志知道，目的是屬於它自己的，而理智復確認這世界為現實的概念。這就是理性認識的正確態度。那虛幻不實、倏忽即逝的東西僅浮泛在表面，而不能構成世界的真實本質。世界的本質就是自在自為的概念，所以這世界本身即是理念。一切不滿足的追求都會消逝，只要我們認識到，這世界的最後目的已經完成，並且正不斷地在完成中。大體講來，這代表成人的看法，而年輕的人總以為這世界是壞透頂了，首先必須予以徹底的改造。反之，宗教的意識便認為這世界受神意的主宰，因此它的是如此與它的應如此是相符合的。但這種存在與應當的符合，卻並不是死板的、沒有發展過程的。因為善，世界的究竟目的，之所以存在，即由於它在不斷地創造其自身。精神世界與自然世界之間仍然存在着這樣的差別，即後者僅不斷地回歸到自身，而前者無疑地又向前進展。

(c) 絕對理念（Die absolute Idee）

§236 〔“絕對理念”是“全部的真理”〕

理念作為主觀的和客觀的理念的統一，就是理念的概念。這概念是以理念本身作為對象，對概念說來，理念即是客體。在這客體裏，一切的規定都彙集在一起了。因此這種統一乃是絕對和全部的真理，自己思維着自身的理念，而且在這裏甚至作為思維着的、作為邏輯的理念。

附釋：絕對理念首先是理論的和實踐的理念的統一，因此同時也是生命的理念與認識的理念的統一。在認識裏，我們所獲得的理念是處於分離和差別的形態下。認識過程的目的，即在於克服這種分離和差別，而恢復其統一，這統一，在它的直接性裏，最初就是生命的理念。生命的缺陷即在於才只是自在存在着的理念，反之，知識也同樣是片面的，而且只是自為存在着的理念。兩者的統一和真理，就是自在自為存在着的理念，因而是絕對理念。在這以前，我們所有的理念，是經過不同的階段，在發展中作為我們的對象的理念，但現在理念自己以它本身為對象了。這就是νόησις νοήσεως，(純思或思想之思想)，亞里士多德早就稱之為最高形式的理念了。

§237 〔“絕對理念”的內容與形式(方法)〕

絕對理念由於在自身內沒有過渡，也沒有前提，一般地說，由於沒有不是流通的和透明的規定性，因此它本身就是概念的純形式，這純形式直觀它的內容，作為它自己本身。它自己本身就是內容，因為只有當它在觀念裏，它才把自己和自己區別開來。這樣區別開來的兩方面中的一個方面，就是一個自我同一性，但在這種自我同一性中卻包含有形式的全體，作為諸規定內容的體系。這個內容就是邏輯體系。在這裏作為理念的形式，除了仍是這種內容的方法外沒有別的了，這個方法就是對於理念各環節〔矛盾〕發展的特定的知識。

附釋：一說到絕對理念，我們總會以為，現在我們總算達到至當不移的全部真理了。當然對於絕對理念我們可以信口說一大堆很高很遠毫無內容的空話。但理念的真正內容不是別的，只是我們前此曾經研究過的整個體系。按照這種看法，也可以說，絕對理念是普遍，但普遍並不單純是與特殊內容相對立的抽象形式，而是絕對的形式，一切的規定和它所設定的全部充實的內容都要回復到這個絕對形式中。在這方面，絕對理念可以比做老人，老人講的那些宗教真理，雖然小孩子也會講，可是對於老人來說，這些宗教真理包含着他全部生活的意義。即使這小孩也懂宗教的內容，可是對他來說，在這個宗教真理之外，還存在着全部生活和整個世界。同樣，人的整個生活與構成他的生活內容的個別事跡，其關係也是這樣。所有一切的工作均只指向一個目的，及當這目的達到了時，人們不禁詫異，何以除了自己意願的東西以外，沒有得到別的東西。意義在於全部運動。當一個人追溯他自己的生活經歷時，他會覺得他的目的好像是很狹小似的，可是他全部生活的迂迴曲折都一起包括在他的目的裏了。同樣，絕對理念的內容就是我們迄今所有的全部生活經歷（decursus vitae）。那最後達到的見解就是：構成理念的內容和意義的，乃是整個展開的過程。我們甚至可進一步說，真正哲學的識見即在於見到：任何事物，一孤立起來看，便顯得狹隘而有局限，其所取得的意義與價值即由於它是從屬於全體的，並且是理念的一個有機的環節。由此足見，我們已經有了內容，現在我們還須具有的，乃是明白認識到內容即是理念的活生生的發展。而這種單純的回顧也就包括在理念的形式之內。我們前此所考察過的每一個階段，都是對於絕對的一種寫照，不過最初僅是在有限方式下的寫照。因此每一階段尚須努力向前進展以求達到全體，這種全體的開展，我們就稱之為方法。

〔哲學的方法既是分析的又是綜合的〕

§238 〔方法的第一個環節："開始"〕

思辨方法的各環節為：（α）開始。這就是存在或直接性；它是自為的，簡單的理由，因為它只是開始。但從思辨理念的觀點看來，它是理念的自我規定。這種自我規定，作為概念的絕對的否定性或運動，進行判斷，並設定對它自己本身的否定。那作為開始的存在，最初似乎是抽象的肯定，其實乃是否定，是間接性，是設定起來的，是有前提的。但是存在作為概念的否定（概念能在它的對方得到自身的同一性和自身的確定性），便是尚沒有設定為概念的概念，亦即自在的概念。因此這種存在便是尚沒有經過規定的概念，亦即只是自在的直接的特定概念，也同樣可以說是普遍的東西。

〔說明〕如果方法意味着從直接的存在開始，就是從直觀和知覺開始，這就是有限認識的分析方法的出發點。如果方法是從普遍性開始，這是有限認識的綜合方法的出發點。但邏輯的理念既是普遍的，又是存在着的，既是以概念為前提，又直接地是概念本身，所以它的開始既是綜合的開始，又是分析的開始。

附釋：哲學的方法既是分析的又是綜合的，這倒並不是說對這兩個有限認識方法的僅僅平列並用，或單純交換使用，而是說哲學方法揚棄了並包含了這兩個方法。因此在哲學方法的每一運動裏所採取的態度，同時既是分析的又是綜合的。哲學思維，就其僅僅接受它的對象、理念，聽其自然，似乎只是靜觀對象或理念自身的運動和發展來說，可以說是採取的分析方法。這種方式下的哲學思考完全是被動的。但是哲學思維同時也是綜合的，它表示出它自己即是概念本身的活動。不過哲學思維為了要達到這一目的，卻需要一種認真的努力去掃除自己那些不斷冒出來的偶然的幻想和特殊的意見。

§239 〔方法的第二環節："進展"〕

（β）進展。進展就是將理念的內容發揮成判斷。直接的普遍性，作為自在的概念就是辯證法，由於辯證法的這種作用，概念自己本身就把它的直接性和普遍性降低為一個環節。因此它就成為對"開始"的否定，或者對那最初者予以規定。這樣，它便有了相關者，對相異的方面有了聯繫，因而進入反思的階段。

〔說明〕這種進展也同樣既是分析的，由於通過它的內在的辯證法只是發揮出那已包含在直接的概念內的東西；又是綜合的，因為在這一概念裏，這些差別尚未明白發揮起來。

附釋：在理念的進展裏，"開始"表明其自身還是自在的東西，換言之，它是被設定的，中介性的，既不是存在着的，也不是直接性的。只有對那本身直接意識說來，自然才是開始的、直接性的東西，而精神是以自然為中介的東西。但事實上自然是由精神設定起來的，而精神自身又以自然為它的前提。

§240 〔同上〕

進展的抽象形式在“存在”的範圍內，是一個對方並過渡到一個對方；在“本質”範圍內，它是映現在對立面內，在“概念”範圍內，它是與個體性相區別的普遍性，繼續保持其普遍性於與它相區別的個體事物之中，並達到與個體事物的同一性。

§241 〔同上〕

在第二範圍裏，那最初自在存在着的概念，達到了映現；所以它已經是潛在的理念了。這一範圍的發展成為到第一範圍的回歸，正如第一範圍的發展成為到第二範圍的過渡一樣。惟有通過這種雙重的運動，區別才取得它應有的地位，即被區別開的雙方的每一方就它自己本身來看，都完成它自己到達了全體，並且在全體中實現其自身與對方的統一。惟有雙方各自揚棄其片面性，它們的統一才不致偏於一面。

理念似乎是最後成果那種假象。

§242 〔方法的第三環節："目的"（邏輯學的終點）〕

在第二範圍裏，有差別的雙方的關係發展到它原來那個樣子，即發展到矛盾自己本身。這矛盾表現在無限進展裏。這種表現在無限遞進中的矛盾，只有在目的裏才得到解除。（γ）目的。惟有在目的裏，那相區別的事物才被設定為像它們在概念裏那樣。目的是對最初的起點〔開始〕的否定，但由於目的與最初的起點有同一性，所以目的也是對於它自身的否定。因此目的即是一統一體，在此統一體裏，這兩個意義的最初作為觀念性的和作為環節的，作為被揚棄了的，同時又作為被保存住了的就結合起來了。概念以它的自在存在為中介，它的差異，和對它的差異的揚棄而達到它自己與它自己本身的結合，這就是實現了的概念。這就是說，這概念包括着它所設置的不同的規定在它自己的自為存在裏。這就是理念。對作為絕對的最初〔在方法裏〕的理念來說，目的的達到只是消除了誤認開始似乎是直接的東西，理念似乎是最後成果那種假象。這就達到了"理念是惟一全體"的認識了。

§243 〔方法是內容的靈魂〕

由此足見，方法並不是外在的形式，而是內容的靈魂和概念。方法與內容的區別，只在於概念的各環節，即使就它們本身、就它們的規定性來說，也表現為概念的全體。由於概念的這種規定性或內容自身和形式要返回到理念，所以理念便被表述為系統的全體，這系統的全體就是惟一的理念。這惟一理念的各特殊環節中的每一環節既自在地是同一理念，復通過概念的辯證法而推演出理念的簡單的自為存在。在這種方式下，〔邏輯〕科學便以把握住它自身的概念，作為理念之所以為理念的純理念的概念而告結束。

§244 〔從"理念"到"自然"，從邏輯學到自然哲學〕

自為的理念，按照它同它自己的統一性來看，就是直觀，而直觀着的理念就是自然。但是作為直觀的理念通過外在的反思，便被設定為具有直接性或否定性的這種片面特性。不過享有絕對自由的理念便不然，它不僅僅過渡為生命，也不僅僅作為有限的認識，讓生命映現在自身內，而是在它自身的

我們從理念開始，現在我們又返回到理念的概念了。這種返回到開始，同時即是一種進展。

絕對真理性裏，它自己決定讓它的特殊性環節，或它最初的規定和它的異在的環節，直接性的理念，作為它的反映，自由地外化為自然。

附釋：我們從理念開始，現在我們又返回到理念的概念了。這種返回到開始，同時即是一種進展。我們所借以開始的是存在，抽象的存在，而現在我們達到了作為存在的理念。但是這種存在着的理念就是自然。

本書繁體字版由北京商務印書館授權出版

小邏輯（精選本）

作　　者：【德】黑格爾
譯　　者：賀　麟
選 編 者：張世英
責任編輯：黃家麗
封面設計：陳穎欣
出　　版：商務印書館（香港）有限公司
香港筲箕灣耀興道3號東滙廣場8樓
http://www.commercialpress.com.hk
發　　行：香港聯合書刊物流有限公司
香港新界大埔汀麗路36號中華商務印刷大廈3樓
印　　刷：美雅印刷製本有限公司
九龍觀塘榮業街6號海濱工業大廈4樓A
版　　次：2012年6月第3次印刷

ISBN 978 962 07 5405 0
Printed in Hong Kong